Rimas y leyendas

Rimas y leyendas

Gustavo Adolfo Bécquer

EL PAIS CLÁSICOS ESPAÑOLES

Miguel Yuste, 40
28037 Madrid

Diseño de la colección: Manuel Estrada

ISBN: 84-9815-008-6
Depósito legal: B-566-2005
Impreso en España por Litografía Rosés, S. A., Gavà (Barcelona)

Introducción

Abraham Madroñal

Hay algo en la obra de Bécquer, como en la de todos los grandes autores de la literatura, que contribuye a hacérnoslo cercano y actual, que permite que se siga leyendo con gusto y que se extraiga de esa lectura el goce estético que esperamos de toda gran obra literaria.

Su vida y su obra (1836-1870) coinciden con un momento de especial agitación política en España. El mismo año de su nacimiento se produce el llamado «Motín» (1836), que obligó a la regente María Cristina a restablecer la Constitución liberal de 1812; su muerte coincide con el efímero reinado de Amadeo de Saboya y el asesinato de Prim, acontecimientos que precedieron a la llegada de la Primera República (1873). Entre esos años asistimos al reinado de Isabel II (1833-1868) y las diversas regencias. Es una época en la que se alternan en el poder gobiernos moderados y progresistas, con constantes reformas constitucionales y pronunciamientos militares. Por otro lado, la entronización de Isabel II desencadenó las guerras carlistas, entre los partidarios de don Carlos, hermano de Fernando VII (absolutistas) y los partidarios de María Cristina e Isabel (liberales), que se extenderán durante buena parte del siglo.

En el ámbito de la literatura, durante la vida de Bécquer se produce en España el éxito y el ocaso del movimiento romántico, que aproximadamente se extiende desde 1835 a 1850. Después comienza la época que tradicionalmente se conoce como realismo. En la época romántica, y siguiendo los vientos que soplan de la Europa al norte de los Pirineos, es el sentimiento el que prevalece; si antes todo aparecía sometido al equilibro, la medida y el buen gusto, ahora se impone la desmesura, lo extravagante, lo que se aparta de la norma; si antes los ambientes en que se movían los protagonistas eran los contemporáneos y los escenarios los habituales, ahora se tiende a escapar a la Edad Media o a lugares exóticos y distantes; por último, si antes todo estaba dominado por las reglas que evidenciaban una manera precisa de ver el mundo, ahora todo es atípico, anticonvencional y libre, como los personajes fuera de la ley que pueblan los versos de Espronceda.

En Alemania, Francia o Inglaterra el romanticismo había arraigado ya con fuerza. Su llegada a España coincide con el regreso de liberales españoles exiliados en algunos de esos países para huir de los diferentes gobiernos absolutistas que se sucedían en nuestro país. Esas influencias que llegan de la liberal Europa que acaba de pasar la Revolución francesa (1789) ponen de manifiesto conceptos nuevos basados en la libertad y los derechos del hombre y comportan un aprecio por lo popular (cuentos, cantares, leyendas, refranes), una valoración de épocas remotas (la Edad Media, el Barroco español) y, como hemos dicho, el destronamiento de la razón en favor del sentimiento.

Es el momento de los altisonantes versos de Espronceda dedicados a personajes marginados y asociales, soberbiamente independientes y atentos sólo a las reglas de la naturaleza, o de sus poemas más ambiciosos como *El diablo mundo* o *El estudiante de Salamanca*; pero también de los sencillos poemas, próximos a la canción popular, de Antonio de Trueba, cuyo *Libro de los cantares* dejó honda huella en Bécquer y otros poetas. En el teatro, es la época de Zorrilla y su *Don Juan Tenorio* o *Don Álvaro o la fuerza del sino*, del Duque de Rivas, y *El trovador*, de García Gutiérrez. pero en prosa triunfa la narración costumbrista que destaca a un personaje perfectamente vulgar y prototípico para describir sus características en obras como *Los españoles pintados por sí mismos*, las *Escenas andaluzas*, de Estébanez Calderón, o las *Escenas matritenses*, de Mesonero Romanos. También la novela histórica como *El señor de Bembibre*, de Gil y Carrasco, o *El doncel de don Enrique el Doliente*, de Larra.

Ahora bien, el triunfo del romanticismo en España es efímero y se puede dar por concluido a mediados de siglo. Por esos años llega a nuestras letras la narración costumbrista de Fernán Caballero y Pereda. En poesía puede decirse que a los grandes poetas de la etapa anterior suceden otros como Núñez de Arce y Campoamor, que cultivan una retórica vacía de sentimiento. De igual forma, en el teatro la desmesura romántica da paso al aburguesamiento de la alta comedia de López de Avala o a los dramas de Echegaray (galardonado con un premio Nobel muy criticado por sus contemporáneos). La obra de Bécquer coincide en el tiempo con la extinción del romanticismo y el auge del realismo. A pesar de ello, su creación literaria se puede considerar contra corriente, en el sentido de que no trata los mismos temas con las mismas formas que se han impuesto en la etapa realista, sino que revela una estética más cercana a la romántica que a la que predomina en su momento.

Gustavo Adolfo Bécquer nació en Sevilla en 1836. Su vida puede juzgarse desafortunada en líneas generales. Perdió muy joven a su padre, un pintor de mediano éxito, y después a su madre. Se educó junto con su hermano Valeriano en un colegio de huérfanos y más tarde pasó a vivir con su madrina, Manuela Monnehay. En la biblioteca de su casa sevillana comenzó a leer a los grandes románticos franceses e ingleses y a los españoles. Desde muy joven sintió una gran inquietud por todas las artes, y empezó interesándose especialmente por la música y la pintura.

El año 1854 decidió marchar a Madrid a conquistar la fama literaria. Pero el Madrid de esa época no era lo que había imaginado el joven Gustavo Adolfo y pronto conoce las estrecheces de las pensiones baratas y los apuros económicos. Para salir adelante se dedica a escribir en alguno de los múltiples periódicos de la capital, a realizar adaptaciones teatrales de obras extranjeras, bien solo o en colaboración con García Luna o Rodríguez Correa, y a componer obras cómicas y zarzuelas. Probablemente la llegada de su hermano Valeriano a Madrid en 1855 consiguió paliar algo su situación, no sólo en lo afectivo, sino también en lo económico. Entre tanto, colabora en publicaciones como *El Contemporáneo* y *El Museo Universal*, y en estos medios fue desperdigando rimas y leyendas.

Por esas fechas Bécquer vive momentos de felicidad con algunas amantes, como Julia Espín, cantante de ópera y sobrina del compositor italiano Rossini, y una «dama de rumbo». Con Julia Espín rompe en la década de los 60, cuando conoce a Casta Esteban, hija de un apreciado médico soriano, con la que contrajo matrimonio en 1861. Junto con su mujer y su hermano realiza diversos viajes, en especial a la tierra soriana y a Toledo. Noviercas, el Moncayo, Veruela son otros tantos lugares que después aparecen en sus obras narrativas. Sus escapadas a Toledo, lugar de descanso y emoción espiritual para los dos hermanos, marcan también una parte importante de su producción. Pero la felicidad matrimonial se rompe con la infidelidad de su mujer: se produce la separación, y Bécquer se va a vivir con sus hijos y su hermano a Toledo.

En el año 1860 conoció al escritor madrileño Augusto Ferrán, gran admirador de la cultura alemana y del poeta romántico Heinrich Heine (1797-1856), quien había creado un tipo de poesía al estilo de los cantares tradicionales del pueblo germánico (*lieder*) y que influyó notablemente en Bécquer. La llegada de González Bravo al poder procuró a nuestro poeta algún tiempo de estabilidad económica, al ser nombrado en 1867 censor de novelas, puesto que le granjeaba buenos beneficios. La revolución de 1868 y la consiguiente caída del ministro supuso el fin de la bonanza y la prosperidad. A raíz de este momento los acontecimientos se suceden rápidamente: se reconcilia con Casta (que había tenido otro hijo fuera del matrimonio), muere Valeriano y muere él mismo a finales de diciembre del año 1870, después de una enfermedad que arrastraba desde hacía tiempo.

Bécquer se dedicó al periodismo para ganarse la vida, y hay que buscar entre sus colaboraciones en *El Contemporáneo*, *El Museo Universal*, *La Ilustración de Madrid* narraciones, poemas y artículos de diferente índole que le producían las rentas necesarias para seguir viviendo. Además entre sus grandes proyectos hay que mencionar la incompleta *Historia de los templos de España*, ambiciosa obra concebida siguiendo las directrices de *El genio del cristianismo*, del escritor francés Chateaubriand. Bécquer fue también un lúcido analista de su propia obra y de la creación literaria en general, y fruto de ello son obras como las *Cartas literarias a una mujer* (1860-1861). En las *Cartas desde mi celda* (1864) describe sus inquietudes y vivencias en el monasterio de Veruela, sus recuerdos biográficos y la descripción de un lugar ideal, alejado de la bulliciosa vida madrileña, donde puede dedicarse a la meditación y a la creación.

Para Bécquer la creación artística no es sólo inspiración, como parecían defender los románticos, sino también inteligencia; de ahí que el artista tenga que madurar los impulsos que le dicta la inspiración. La poesía es para él sentimiento, cualidad del espíritu que en el hombre reside en el alma, en el mundo de las ideas, y que necesita de la palabra para ser comunicada; sólo al poeta le está reservado encontrar el cauce expresivo necesario, sólo el genio es capaz de armonizar instinto y razón. La poesía pertenece al mundo de las ideas, pero necesita expresarse por medio del lenguaje, que en sí es insuficiente para transmitir el sentimiento del poeta y a lo más que llega es a sugerir sensaciones sueltas. Probablemente por eso, para él la poesía sugiere más que dice y su contenido se capta mejor por el alma que por la inteligencia de quien la lee, cuando despierta en el lector la misma sensibilidad que ha desarrollado el poeta para crearla. La desnudez, la brevedad, la aparente sencillez son características de la poesía popular que Bécquer voluntariamente escoge para crear una poesía propia.

En las *Rimas* Bécquer da entrada a lo popular, a lo tradicional, a los cantares que empezaban a recoger los folcloristas de la época y evidencian el hondo sentimiento anónimo del pueblo. El andalucismo de Bécquer, el gusto por la expresión popular del sentimiento mediante el canto, junto con el influjo de Heine, confluyen en una lírica intimista, sencilla y honda a la vez, imperecedera, que supera por tanto al propio romanticismo.

Es la suya una poesía esencial, en la que muchas veces se ha señalado la ausencia de adjetivación; una poesía desnuda, donde muy frecuentemente el orden sintáctico aparece invertido con objeto de crear una atmósfera especial. Una poesía en la que triunfa el carácter asonantado de la rima y el ritmo muchas veces se rompe con versos quebrados de pocas sílabas que cierran a otros más largos. Una poesía en la que, como en las leyendas, realidad y ficción se entremezclan para recrear una atmósfera donde están a la misma altura sueño y vida. Una poesía en la que el poeta convierte en palabras los seres y sentimientos que pueblan la realidad de sus sueños.

La poesía de Bécquer gira preferentemente en torno a la mujer, la naturaleza, el amor y la muerte. La mujer, porque, según Bécquer, la poesía es sentimiento y el sentimiento se encarna en la mujer; la naturaleza, porque sus elementos (rocas, golondrinas, olas, viento, hojas caídas) reproducen los sentimientos del poeta y éstos a su vez reflejan la belleza del mundo. Y entre la naturaleza y la mujer siempre aparecen los temas del amor y la muerte, ambos producto del espíritu, del alma, que es lo que hace al hombre elevarse a la altura divina y convertirse en una especie de Dios creador de otros mundos por medio de la literatura. Mediante la muerte, el hombre vuelve a integrarse en el universo del que ha partido, en la naturaleza de la que siempre forma parte.

Estos temas que se dan cita en la obra lírica del autor normalmente se suelen agrupar en cuatro bloques: la poesía misma (Rimas I a XI); el amor gozoso (Rimas XII a XXIX); el desengaño y el dolor (Rimas XXX a LI) y la angustia y la muerte (Rimas LII a LXXVI).

Todo ello se expresa utilizando una métrica sencilla en la que destaca el empleo de la asonancia y el rechazo de la rima consonante y de la estrofa rotunda y rígida. Así dejó de emplear versos como el eneasílabo y el alejandrino, que estaban de moda en su época, y combinaciones estroficas como el soneto o el romance heroico. En cambio cultivó y difundió otras estrofas, como la silva arromanzada o el cuarteto de impares sueltos y pares asonantados en combinación de heptasílabos y endecasílabos, y utilizó versos de muy diferentes medidas, desde el pentasílabo al dodecasílabo. Con ello consigue matices expresivos más suaves y flexibles.

Tradicionalmente la prosa de Bécquer ha sido considerada como un magnífico ejemplo de prosa poética. Quiere esto decir que en ella la expresión adquiere ritmos y características cercanos al verso, y esto se da sobre todo en sus *Leyendas*. Bécquer las difundió en publicaciones periódicas buscando un público más amplio y menos dado a leer historias maravillosas en verso. De ahí que escogiera la prosa como vehículo y presentara lo fantástico con una mezcla de elementos realistas en los que el hombre de su época podía verse reflejado.

La mayor parte de las leyendas y narraciones se pueden localizar en la tradición hispánica: son leyendas o tradiciones sorianas, toledanas, sevillanas..., aunque hay algunas que tienen localización y procedencia oriental. Es el caso de la leyenda *El caudillo de las manos rojas* o de las narraciones *La creación* o *Apólogo*. En ellas queda patente el interés del autor por la cultura hindú. El orientalismo y el exotismo están presentes también, aunque en un tono mucho más contenido, en algunas leyendas desarrolladas en escenarios españoles en los que conviven moros, judíos y cristianos, como en *La cueva de la mora* o *La rosa de pasión*.

Es muy frecuente la localización de las leyendas en una inconcreta Edad Media, siempre poblada de edificios de estilo gótico y caballeros de origen noble. En ellas, lo maravilloso suele presentarse como un relato tradicional, como una tradición viva en un determinado territorio. En todas ellas la tragedia se suele apoderar de los personajes y el triste destino se impone sobre unas vidas muchas veces marcadas por el carácter de lo singular.

En algunas ocasiones es lo religioso lo que triunfa: una fuerza sobrenatural castiga la soberbia o la maldad de un personaje que no cree o desafía a la divinidad, como en *Creed en Dios*, *La ajorca de oro* y *La cruz del diablo*. Otras veces, la muerte o la locura se adueñan de unos personajes que no se conforman con su vida habitual y buscan lo fantástico por alguna razón; así en *El monte de las Ánimas*, *Los ojos verdes*, *El rayo de luna*, *La corza blanca*... En otras ocasiones, el final no es trágico, como en *La promesa* o *El Cristo de la calavera*. Todavía en otras, como *El miserere* o *Maese Pérez el organista*, Bécquer se plantea la relación entre el artista y el proceso creativo.

Temáticamente, las leyendas comparten una serie de asuntos recurrentes. Por ejemplo, al igual que en *La ajorca de oro*, el tema de la animación de las estatuas está presente en *El beso*; y el de la mujer caprichosa desencadena la tragedia de su amante en *El monte de las Ánimas*. En *Los ojos verdes* y *El rayo de luna* se trata la búsqueda de la mujer ideal, del amor imposible que sólo existe en la imaginación del autor. Por su parte, *Maese Pérez el organista* pretende mostrar la diferencia entre el verdadero artista creador y el mísero intérprete que no puede imitarlo, el problema de la creación en definitiva. Tema éste que se repite en la leyenda *El miserere*.

Desde el punto de vista estructural generalmente se pueden establecer tres momentos en el desarrollo de la narración: 1) presentación o prólogo en primera persona, donde el autor ofrece noticias al lector sobre algunos aspectos de la leyenda. A continuación suelen introducirse personajes populares que completan la información sobre la leyenda; 2) núcleo central, en el que se desarrolla el relato fantástico, la leyenda propiamente dicha; 3) cierre a modo de conclusión, que suele suponer la vuelta a la realidad. Esta alternancia de realidad y fantasía como sistema estructurador de las leyendas queda intensificada a través del estilo: mediante la alternancia también de un lenguaje coloquial en los momentos realistas y de un lenguaje intensamente lírico en la parte fantástica.

La importancia de Bécquer en el panorama de nuestra literatura es indudable, no sólo porque dejó huella en los escritores inmediatamente posteriores a él, sino también porque podemos decir que trascendió su momento para influir en los más grandes poetas españoles modernos. No puede entenderse sin su presencia la poesía primera de Rubén Darío ni la de otros muchos representantes del movimiento modernista. La influencia de Bécquer está muy presente también en uno de los más destacados poetas españoles del siglo XX, Juan Ramón Jiménez, especialmente en obras como *Rimas* y *Arias tristes*, así como en los extraordinarios versos de Antonio Machado. Para los miembros más destacados de la generación del 27, Alberti, Lorca, Cernuda, Salinas..., y para otros muchos poetas de la poesía de posguerra Bécquer fue, sin lugar a dudas, el primer poeta moderno de nuestra historia literaria.

RIMAS

I

Yo sé un himno gigante y extraño
que anuncia en la noche del alma una aurora,
y estas páginas son de ese himno
cadencias que el aire dilata en las sombras.

Yo quisiera escribirle, del hombre
domando el rebelde, mezquino idïoma
con palabras que fuesen a un tiempo
suspiros y risas, colores y notas.

Pero en vano es luchar, que no hay cifra
capaz de encerrarle; y apenas, ¡oh, hermosa!
si, teniendo en mis manos las tuyas,
pudiera, al oído, cantártelo a solas.

II

Saeta que voladora
cruza, arrojada al azar,
y que no se sabe dónde
temblando se clavará;

hoja que del árbol seca
arrebata el vendaval,
sin que nadie acierte el surco
donde al polvo volverá;

gigante ola que el viento
riza y empuja en el mar,
y rueda y pasa, y se ignora
qué playa buscando va;

luz que en cercos temblorosos
brilla, próxima a expirar,
y que no se sabe de ellos
cuál el último será;

eso soy yo, que al acaso
cruzo el mundo sin pensar
de dónde vengo ni adónde
mis pasos me llevarán.

III

Sacudimiento extraño
que agita las ideas,
como huracán que empuja
las olas en tropel;

murmullo que en el alma
se eleva y va creciendo,
como volcán que sordo
anuncia que va a arder;

deformes silüetas
de seres imposibles;
paisajes que aparecen
como al través de un tul;

colores que fundiéndose
remedan en el aire
los átomos del iris
que nadan en la luz;

ideas sin palabras,
palabras sin sentido;
cadencias que no tienen
ni ritmo ni compás;

memorias y deseos
de cosas que no existen;
accesos de alegría,
impulsos de llorar;

actividad nerviosa
que no halla en qué emplearse;
sin riendas que le guíe
caballo volador;

Locura que el espíritu
exalta y desfallece;
embriaguez divina
del genio creador...
Tal es la inspiración.

*

gigante voz que el caos
ordena en el cerebro
y entre las sombras hace
la luz aparecer;

brillante rienda de oro
que poderosa enfrena
de la exaltada mente
el volador corcel;

hilo de luz que en haces
los pensamientos ata;
sol que las nubes rompe
y toca en el zenit;

inteligente mano
que en un collar de perlas
consigue las indóciles
palabras reünir;

armonïoso ritmo
que con cadencia y número
las fugitivas notas
encierra en el compás;

cincel que el bloque muerde
la estatua modelando,
y la belleza plástica
añade a la ideal;

atmósfera en que giran
con orden las ideas,
cual átomos que agrupa
recóndita atracción;

raudal en cuyas ondas
su sed la fiebre apaga;

oasis que al espíritu
devuelve su vigor...
Tal es nuestra razón.

*

Con ambas siempre en lucha,
y de ambas vencedor,
tan sólo al genio es dado
a un yugo atar las dos.

IV

No digáis que, agotado su tesoro,
de asuntos falta, enmudeció la lira;
podrá no haber poetas, pero siempre
habrá poesía.

Mientras las ondas de la luz al beso
palpiten encendidas,
mientras el sol las desgarradas nubes
de fuego y oro vista,
mientras el aire en su regazo lleve
perfumes y armonías,
mientras haya en el mundo primavera,
¡habrá poesía!

Mientras la humana ciencia no descubra
las fuentes de la vida,
y en el mar o en el cielo haya un abismo
que al cálculo resista,
mientras la humanidad siempre avanzando
no sepa a dó camina,
mientras haya un misterio para el hombre,
¡habrá poesía!

Mientras se sienta que se ríe el alma,
sin que los labios rían;
mientras se llore, sin que el llanto acuda
a nublar la pupila;
mientras el corazón y la cabeza
batallando prosigan,
mientras haya esperanzas y recuerdos,
¡habrá poesía!

Mientras haya unos ojos que reflejen
los ojos que los miran,
mientras responda el labio suspirando
al labio que suspira,
mientras sentirse puedan en un beso
dos almas confundidas,
mientras exista una mujer hermosa,
¡habrá poesía!

VII

Del salón en el ángulo oscuro,
de su dueña tal vez olvidada,
silenciosa y cubierta de polvo,
veíase el arpa.

¡Cuánta nota dormía en sus cuerdas,
como el pájaro duerme en las ramas,
esperando la mano de nieve
que sabe arrancarlas!

¡Ay! —pensé— ¡cuántas veces el genio
así duerme en el fondo del alma,
y una voz, como Lázaro, espera
que le diga: «¡Levántate y anda!».

VIII

Cuando miro el azul horizonte
perderse a lo lejos,
al través de una gasa de polvo
dorado e inquieto,
me parece posible arrancarme
del mísero suelo
y flotar con la niebla dorada
en átomos leves,
cual ella deshecho.

Cuando miro de noche en el fondo
oscuro del cielo
las estrellas temblar como ardientes
pupilas de fuego,
me parece posible a do brillan
subir en un vuelo
y anegarme en su luz, y con ellas
en lumbre encendido
fundirme en un beso.

En el mar de la duda en que bogo
ni aun sé lo que creo;
sin embargo estas ansias me dicen
que yo llevo algo
divino aquí dentro.

XI

—Yo soy ardiente, yo soy morena,
yo soy el símbolo de la pasión;
de ansia de goces mi alma está llena;
¿A mí me buscas?
—No es a ti, no.

—Mi frente es pálida, mis trenzas de oro;
puedo brindarte dichas sin fin;
yo de ternura guardo un tesoro:
¿A mí me llamas?
—No, no es a ti.

—Yo soy un sueño, un imposible,
vano fantasma de niebla y luz;
soy incorpórea, soy intangible;
no puedo amarte.
—¡Oh, ven, ven tú!

XII

Porque son, niña, tus ojos
verdes como el mar, te quejas;
verdes los tienen las náyades,
verdes los tuvo Minerva,
y verdes son las pupilas
de las hurís del Profeta.

El verde es gala y ornato
del bosque en la primavera;
entre sus siete colores
brillante el iris lo ostenta;
las esmeraldas son verdes;
verde el color del que espera,
y las ondas del océano
y el laurel de los poetas.

*

Es tu mejilla temprana
rosa de escarcha cubierta,
en que el carmín de los pétalos
se ve al través de las perlas.

Y, sin embargo,
sé que te quejas
porque tus ojos
crees que la afean,
pues no lo creas,

que parecen sus pupilas
húmedas, verdes e inquietas,
tempranas hojas de almendro
que al soplo del aire tiemblan.

*

Es tu boca de rubíes
purpúrea granada abierta
que en el estío convida
a apagar la sed con ella.

Y, sin embargo,
sé que te quejas
porque tus ojos
crees que la afean,
pues no lo creas,

que parecen, si enojada
tus pupilas centellean,
las olas del mar que rompen
en las cantábricas peñas.

*

Es tu frente que corona,
crespo el oro en ancha trenza,
nevada cumbre en que el día
su postrera luz refleja.

Y, sin embargo,
sé que te quejas
porque tus ojos
crees que la afean,
pues no lo creas,

que, entre las rubias pestañas,
junto a las sienes semejan
broches de esmeralda y oro
que un blanco armiño sujetan.

*

Porque son, niña, tus ojos
verdes como el mar te quejas;
quizás, si negros o azules
se tornasen, lo sintieras.

XIV

Te vi un punto y, flotando ante mis ojos,
la imagen de tus ojos se quedó,
como la mancha oscura orlada en fuego
que flota y ciega si se mira al sol.

Adondequiera que la vista clavo,
torno a ver sus pupilas llamear,
mas no te encuentro a ti, que es tu mirada,
unos ojos, los tuyos, nada más.

De mi alcoba en el ángulo los miro
desasidos fantásticos lucir;
cuando duermo los siento que se ciernen,
de par en par abiertos sobre mí.

Yo sé que hay fuegos fatuos que en la noche
llevan al caminante a perecer;
yo me siento arrastrado por tus ojos,
pero adónde me arrastran, no lo sé.

XVI

Si al mecer las azules campanillas
de tu balcón,
crees que suspirando pasa el viento
murmurador,
sabe que, oculto entre las verdes hojas,
suspiro yo.
Si al resonar confuso a tus espaldas
vago rumor,
crees que por tu nombre te ha llamado
lejana voz,
sabe que, entre las sombras que te cercan,
te llamo yo.
Si se turba medroso en la alta noche
tu corazón,
al sentir en tus labios un aliento
abrasador,
sabe que, aunque invisible, al lado tuyo,
respiro yo.

XVII

Hoy la tierra y los cielos me sonríen,
hoy llega al fondo de mi alma el sol,
hoy la he visto... La he visto y me ha mirado...
¡Hoy creo en Dios!

XIX

Cuando sobre el pecho inclinas
la melancólica frente,
una azucena tronchada
me pareces.

Porque al darte la pureza
de que es símbolo celeste,
como a ella te hizo Dios
de oro y nieve.

XXI

—¿Qué es poesía?, dices, mientras clavas
en mi pupila tu pupila azul.
¿Qué es poesía? ¿Y tú me lo preguntas?
Poesía... eres tú.

XXIII

Por una mirada, un mundo;
por una sonrisa, un cielo;
por un beso... ¡Yo no sé
qué te diera por un beso!

XXIV

Dos rojas lenguas de fuego
que a un mismo tronco enlazadas
se aproximan y, al besarse,
forman una sola llama;

dos notas que del laúd
a un tiempo la mano arranca,
y en el espacio se encuentran
y armonïosas se abrazan;

dos olas que vienen juntas
a morir sobre una playa
y que, al romper, se coronan
con un penacho de plata;

dos jirones de vapor
que del lago se levantan
y, al juntarse allá en el cielo,
forman una nube blanca;

dos ideas que al par brotan;
dos besos que a un tiempo estallan;
dos ecos que se confunden:
eso son nuestras dos almas.

XXVII

Despierta, tiemblo al mirarte;
dormida, me atrevo a verte;
por eso, alma de mi alma,
yo velo mientras tú duermes.

Despierta, ríes y al reír tus labios
inquietos me parecen
relámpagos de grana que serpean
sobre un cielo de nieve.

Dormida, los extremos de tu boca
pliega sonrisa leve,
süave como el rastro luminoso
que deja un sol que muere.
¡Duerme!

Despierta, miras y, al mirar, tus ojos
húmedos resplandecen,
como la onda azul en cuya cresta
chispeando el sol hiere.

Al través de tus párpados, dormida,
tranquilo fulgor vierten,
cual derrama de luz, templado rayo,
lámpara transparente.
¡Duerme!

Despierta, hablas y, al hablar, vibrantes
tus palabras parecen
lluvia de perlas que en dorada copa
se derrama a torrentes.

Dormida, en el murmullo de tu aliento
acompasado y tenue,
escucho yo un poema que mi alma
enamorada entiende.
¡Duerme!

Sobre el corazón la mano
me he puesto porque no suene
su latido y de la noche
turbe la calma solemne.

De tu balcón las persianas
cerré ya porque no entre
el resplandor enojoso
de la aurora y te despierte.
¡Duerme!

XXIX

la bocca mi bacciò tutto tremante

Sobre la falda tenía
el libro abierto;
en mi mejilla tocaban
sus rizos negros;
no veíamos las letras
ninguno creo;
sin embargo guardábamos
hondo silencio.
¿Cuánto duró? Ni aun entonces
pude saberlo.
Sólo sé que no se oía
más que el aliento,
que apresurado escapaba
del labio seco.
Sólo sé que nos volvimos
los dos a un tiempo,
y nuestros ojos se hallaron
y sonó un beso

*

Creación de Dante era el libro;
era su *Infierno.*
Cuando a él bajamos los ojos,
yo dije trémulo:
—¿Comprendes ya que un poema
cabe en un verso?
Y ella respondió encendida:
—¡Ya lo comprendo!

XXX

Asomaba a sus ojos una lágrima
y a mi labio una frase de perdón;
habló el orgullo y se enjugó su llanto,
y la frase en mis labios expiró.

Yo voy por un camino; ella, por otro;
pero, al pensar en nuestro mutuo amor,
yo digo aún: —¿Por qué callé aquel día?
Y ella dirá: —¿Por qué no lloré yo?

XXXI

Nuestra pasión fue un trágico sainete,
en cuya absurda fábula,
lo cómico y lo grave confundidos,
risas y llanto arrancan.

Pero fue lo peor de aquella historia
que, al fin de la jornada,
a ella tocaron lágrimas y risas,
y a mí, sólo las lágrimas.

XXXIV

Cruza callada, y son sus movimientos
silenciosa armonía;
suenan sus pasos, y al sonar recuerdan
del himno alado la cadencia rítmica.

Los ojos entreabre, aquellos ojos
tan claros como el día,
y la tierra y el cielo, cuanto abarcan,
arden con nueva luz en sus pupilas.

Ríe, y su carcajada tiene notas
del agua fugitiva;
llora, y es cada lágrima un poema
de ternura infinita.

Ella tiene la luz, tiene el perfume,
el color y la línea,
la forma, engendradora de deseos,
la expresión, fuente eterna de poesía.

¿Que es estúpida? ¡Bah! Mientras callando
guarde oscuro el enigma,
siempre valdrá lo que yo creo que calla
más que lo que cualquiera otra me diga.

XXXVII

Antes que tú me moriré; escondido
en las entrañas ya
el hierro llevo con que abrió tu mano
la ancha herida mortal.

Antes que tú me moriré; y mi espíritu,
en su empeño tenaz,
se sentará a las puertas de la muerte,
esperándote allá.

Con las horas los días, con los días
los años volarán,
y a aquella puerta llamarás al cabo...
¿Quién deja de llamar?

Entonces, que tu culpa y tus despojos
la tierra guardará,
lavándote en las ondas de la muerte
como en otro Jordán;

allí donde el murmullo de la vida
temblando a morir va,
como la ola que a la playa viene
silenciosa a expirar;

allí donde el sepulcro que se cierra
abre una eternidad,
todo cuanto los dos hemos callado,
allí lo hemos de hablar.

XXXVIII

Los suspiros son aire, y van al aire.
Las lágrimas son agua, y van al mar.
Dime, mujer, cuando el amor se olvida,
¿sabes tú adónde va?

XLI

Tú eras el huracán, y yo la alta
torre que desafía su poder.
¡Tenías que estrellarte o que abatirme...!
¡No pudo ser!

Tú eras el océano, y yo la enhiesta
roca que firme aguarda su vaivén.
¡Tenías que romperte o que arrancarme...!
¡No pudo ser!

Hermosa tú, yo altivo; acostumbrados
uno a arrollar, el otro a no ceder;
la senda estrecha, inevitable el choque...
¡No pudo ser!

XLII

Cuando me lo contaron, sentí el frío
de una hoja de acero en las entrañas;
me apoyé contra el muro, y un instante
la conciencia perdí de donde estaba.

Cayó sobre mi espíritu la noche,
en ira y en piedad se anegó el alma.
¡Y entonces comprendí por qué se llora,
y entonces comprendí por qué se mata!

Pasó la nube de dolor... Con pena
logré balbucear breves palabras...
¿Quién me dio la noticia?... Un fiel amigo...
Me hacía un gran favor... Le di las gracias.

XLV

En la clave del arco rüinoso,
cuyas piedras el tiempo enrojeció,
obra de cincel rudo campeaba
el gótico blasón.

Penacho de su yelmo de granito,
la yedra que colgaba en derredor
daba sombra al escudo en que una mano
tenía un corazón.

A contemplarle en la desierta plaza
nos paramos los dos:
—Y ése —me dijo— es el cabal emblema
de mi constante amor.

¡Ay! Es verdad lo que me dijo entonces;
verdad que el corazón
lo llevará en la mano..., en cualquier parte...
pero en el pecho, no.

LII

Olas gigantes que os rompéis bramando
en las playas desiertas y remotas,
envuelto entre las sábanas de espumas,
¡llevadme con vosotras!

Ráfagas de huracán que arrebatáis
del alto bosque las marchitas hojas,
arrastrado en el ciego torbellino,
¡llevadme con vosotras!

Nubes de tempestad que rompe el rayo
y en fuego enciende las sangrientas orlas,
arrebatado entre la niebla oscura,
¡llevadme con vosotras!

Llevadme, por piedad, a donde el vértigo
con la razón me arranque la memoria.
¡Por piedad! ¡Tengo miedo de quedarme
con mi dolor a solas!

LIII

Volverán las oscuras golondrinas
en tu balcón sus nidos a colgar,
y otra vez con el ala a sus cristales
jugando llamarán.

Pero aquellas que el vuelo refrenaban
tu hermosura y mi dicha a contemplar,
aquellas que aprendieron nuestros nombres...
ésas... ¡no volverán!

Volverán las tupidas madreselvas
de tu jardín las tapias a escalar,
y otra vez a la tarde aún más hermosas
sus flores se abrirán.

Pero aquellas, cuajadas de rocío
cuyas gotas mirábamos temblar
y caer como lágrimas del día...
ésas... ¡no volverán!

Volverán del amor en tus oídos
las palabras ardientes a sonar,
tu corazón de su profundo sueño
tal vez despertará.

Pero mudo y absorto y de rodillas
como se adora a Dios ante su altar,
como yo te he querido...; desengáñate,
¡así... no te querrán!

LVII

Este armazón de huesos y pellejo,
de pasear una cabeza loca
se halla cansado al fin, y no lo extraño,
pues, aunque es la verdad que no soy viejo,
de la parte de vida que me toca
en la vida del mundo, por mi daño
he hecho un uso tal, que juraría
que he condensado un siglo en cada día.

Así, aunque ahora muriera,
no podría decir que no he vivido;
que el sayo, al parecer nuevo por fuera,
conozco que por dentro ha envejecido.

Ha envejecido, sí, ¡pese a mi estrella!
Harto lo dice ya mi afán doliente,
que hay dolor que, al pasar su horrible huella,
graba en el corazón, si no en la frente.

LXI

Al ver mis horas de fiebre
e insomnio lentas pasar,
a la orilla de mi lecho,
¿quién se sentará?

Cuando la trémula mano
tienda, próximo a expirar,
buscando una mano amiga,
¿quién la estrechará?

Cuando la muerte vidríe
de mis ojos el cristal,
mis párpados aún abiertos,
¿quién los cerrará?

Cuando la campana suene
(si suena en mi funeral)
una oración al oírla,
¿quién murmurará?

Cuando mis pálidos restos
oprima la tierra ya,
sobre la olvidada fosa,
¿quién vendrá a llorar?

¿Quién, en fin, al otro día,
cuando el sol vuelva a brillar,
de que pasé por el mundo,
quién se acordará?

LXVI

¿De dónde vengo?... El más horrible y áspero
de los senderos busca;
las huellas de unos pies ensangrentados
sobre la roca dura;
los despojos de un alma hecha jirones
en las zarzas agudas,
te dirán el camino
que conduce a mi cuna.

¿Adónde voy? El más sombrío y triste
de los páramos cruza,
valle de eternas nieves y de eternas
melancólicas brumas;
en donde esté una piedra solitaria,
sin inscripción alguna,
donde habite el olvido,
allí estará mi tumba.

LXX

¡Cuántas veces, al pie de las musgosas
paredes que la guardan,
oí la esquila que al mediar la noche
a los maitines llama!

¡Cuántas veces trazó mi silüeta
la luna plateada,

junto a la del ciprés, que de su huerto
se asoma por las tapias!

Cuando en sombras la iglesia se envolvía,
de su ojiva calada
¡cuántas veces temblar sobre los vidrios
vi el fulgor de la lámpara!

Aunque el viento en los ángulos oscuros
de la torre silbara,
del coro entre las voces percibía
su voz vibrante y clara.

En las noches de invierno, si un medroso
por la desierta plaza
se atrevía a cruzar, al divisarme
el paso aceleraba.

Y no faltó una vieja que en el torno
dijese a la mañana,
que de algún sacristán muerto en pecado
acaso era yo el alma.

A oscuras conocía los rincones
del atrio y la portada;
de mis pies las ortigas que allí crecen
las huellas tal vez guardan.

Los búhos, que espantados me seguían
con sus ojos de llamas,
llegaron a mirarme con el tiempo
como a un buen camarada.

A mi lado sin miedo los reptiles
se movían a rastras;
hasta los mudos santos de granito
creo que me saludaban.

LXXIII

Cerraron sus ojos,
que aún tenía abiertos,
taparon su cara
con un blanco lienzo,
y unos sollozando,
otros en silencio,
de la triste alcoba
todos se salieron.

La luz que en un vaso
ardía en el suelo,
al muro arrojaba
la sombra del lecho;
y entre aquella sombra
veíase a intérvalos
dibujarse rígida
la forma del cuerpo.

Despertaba el día,
y, a su albor primero,
con sus mil rüidos,
despertaba el pueblo.
Ante aquel contraste
de vida y misterio,
de luz y tinieblas,
yo pensé un momento:

—¡Dios mío, qué solos
se quedan los muertos!

*

De la casa, en hombros,
llevándola al templo
y en una capilla

dejaron el féretro.
Allí rodearon
sus pálidos restos
de amarillas velas
y de paños negros.

Al dar de las Ánimas
el toque postrero,
acabó una vieja
sus últimos rezos;
cruzó la ancha nave,
las puertas gimieron,
y el santo recinto
quedose desierto.

De un reloj se oía
compasado el péndulo,
y de algunos cirios
el chisporroteo.
Tan medroso y triste,
tan oscuro y yerto,
todo se encontraba
que pensé un momento:

—¡Dios mío, qué solos
se quedan los muertos!

*

De la alta campana
la lengua de hierro
le dio volteando
su adiós lastimero.
El luto en las ropas,
amigos y deudos
cruzaron en fila
formando el cortejo.

Del último asilo,
oscuro y estrecho,
abrió la piqueta
el nicho a un extremo.
Allí la acostaron,
tapiáronle luego
y con un saludo
despidióse el duelo.

La piqueta al hombro
el sepulturero,
cantando entre dientes,
se perdió a lo lejos.
La noche se entraba,
reinaba el silencio;
perdido en las sombras,
yo pensé un momento:

—¡Dios mío, qué solos
se quedan los muertos!

*

En las largas noches
del helado invierno,
cuando las maderas
crujir hace el viento
y azota los vidrios
el fuerte aguacero,
de la pobre niña
a veces me acuerdo.

Allí cae la lluvia
con un son eterno;
allí la combate
el soplo del cierzo.
Del húmedo muro

tendido en el hueco,
¡acaso de frío
se hielan sus huesos...!

* *
*

¿Vuelve el polvo al polvo?
¿Vuela el alma al cielo?
¿Todo es vil materia,
podredumbre y cieno?
No sé; pero hay algo
que explicar no puedo,
que al par nos infunde
repugnancia y duelo,
¡al dejar tan tristes,
tan solos los muertos!

LXXVI

En la imponente nave
del templo bizantino,
vi la gótica tumba a la indecisa
luz que temblaba en los pintados vidrios.

Las manos sobre el pecho,
y en las manos un libro,
una mujer hermosa reposaba
sobre la urna, del cincel prodigio.

Del cuerpo abandonado
al dulce peso hundido,
cual si de blanda pluma y raso fuera,
se plegaba su lecho de granito.

De la sonrisa última
el resplandor divino
guardaba el rostro, como el cielo guarda
del sol que muere el rayo fugitivo.

Del cabezal de piedra
sentados en el filo,
dos ángeles, el dedo sobre el labio,
imponían silencio en el recinto.

No parecía muerta;
de los arcos macizos
parecía dormir en la penumbra,
y que en sueños veía el paraíso.

Me acerqué de la nave
al ángulo sombrío
con el callado paso que llegamos
junto a la cuna donde duerme un niño.

La contemplé un momento,
y aquel resplandor tibio,
aquel lecho de piedra que ofrecía
próximo al muro otro lugar vacío,

en el alma avivaron
la sed de lo infinito,
el ansia de esa vida de la muerte
para la que un instante son los siglos...

*

Cansado del combate
en que luchando vivo,
alguna vez me acuerdo con envidia
de aquel rincón oscuro y escondido.

De aquella muda y pálida
mujer me acuerdo y digo:
¡Oh, qué amor tan callado, el de la muerte!
¡Qué sueño el del sepulcro, tan tranquilo!

LEYENDAS

El Monte de las Ánimas

(Leyenda Soriana)

La noche de difuntos me despertó a no sé qué hora el doble de las campanas. Su tañido monótono y eterno me trajo a las mientes esta tradición que oí hace poco en Soria.

Intenté dormir de nuevo. ¡Imposible! Una vez aguijoneada, la imaginación es un caballo que se desboca y al que no sirve tirarle de la rienda. Por pasar el rato, me decidí a escribirla, como en efecto lo hice.

A las doce de la mañana, después de almorzar bien, y con un cigarro en la boca, no le hará mucho efecto a los lectores de *El Contemporáneo*. Yo la oí en el mismo lugar en que acaeció, y la he escrito volviendo algunas veces la cabeza con miedo, cuando sentía crujir los cristales de mi balcón, estremecidos por el aire frío de la noche.

Sea de ella lo que quiera, allá va, como el caballo de copas.

I

—Atad los perros, haced la señal con las trompas para que se reúnan los cazadores y demos la vuelta a la ciudad. La noche se acerca, es día de Todos los Santos y estamos en el Monte de las Ánimas.

—¡Tan pronto!

—A ser otro día, no dejara yo de concluir con ese rebaño de lobos que las nieves del Moncayo han arrojado de sus madrigueras; pero hoy es imposible. Dentro de poco sonará la oración en los Templarios, y las ánimas de los difuntos comenzarán a tañer su campana en la capilla del monte.

—¡En esa capilla ruinosa! ¡Bah! ¿Quieres asustarme?

—No, hermosa prima. Tú ignoras cuanto sucede en este país, porque aún no hace un año que has venido a él desde muy lejos. Refrena tu yegua, yo también pondré la mía al paso, y mientras dure el camino te contaré esa historia.

Los pajes se reunieron en alegres y bulliciosos grupos. Los condes de Borges y de Alcudiel, montaron en sus magníficos caballos, y todos juntos siguieron a sus hijos Beatriz y Alonso, que precedían la comitiva a bastante distancia.

Mientras duraba el camino, Alonso narró en estos términos la prometida historia:

—Ese monte que hoy llaman de las Ánimas pertenecía a los Templarios, cuyo convento ves allí, a la margen del río. Los Templarios eran guerreros y religiosos a la vez. Conquistada Soria a los árabes, el rey los hizo venir de lejanas tierras para defender la ciudad por la parte del puente, haciendo en ello notable agravio a sus nobles de Castilla, que así hubieran solos sabido defenderla como solos la conquistaron. Entre los caballeros de la nueva y poderosa orden y los hidalgos de la ciudad fermentó por algunos años, y estalló al fin, un odio profundo. Los primeros tenían acotado ese monte, donde reservaban caza abundante para satisfacer sus necesidades y contribuir a sus placeres. Los segundos determinaron organizar una gran batida en el coto, a pesar de las severas prohibiciones de los *clérigos con espuelas,* como llamaban a sus enemigos. Cundió la voz del reto, y nada fue parte a detener a los unos en su manía de cazar y a los otros en su empeño de estorbarlo. La proyectada expedición se llevó a cabo. No se acordaron de ella las fieras. Antes la tendrían presente tantas madres como arrastraron sendos lutos por sus hijos. Aquello no fue una cacería. Fue una batalla espantosa: el monte quedó sembrado de cadáveres. Los lobos, a quienes se quiso exterminar, tuvieron un sangriento festín. Por último, intervino la autoridad del rey: el monte, maldita ocasión de tantas desgracias, se declaró abandonado, y la capilla de los religiosos, situada en el mismo monte, y en cuyo atrio se enterraron juntos amigos y enemigos, comenzó a arruinarse. Desde entonces dicen que cuando llega la noche de difuntos se oye doblar sola la campana de la capilla, y que las ánimas de los muertos, envueltas en jirones de sus sudarios, corren como en una cacería fantástica por entre las breñas y los zarzales. Los ciervos braman espantados, los lobos aúllan, las culebras dan horrorosos silbidos, y al otro día se han visto impresas en la nieve las huellas de los descarnados pies de los esqueletos. Por eso en Soria lo llamamos el Monte de las Ánimas, y por eso he querido salir de él antes que cierre la noche.

La relación de Alonso concluyó justamente cuando los dos jóvenes llegaban al extremo del puente que da paso a la ciudad por aquel lado. Allí esperaron al resto de la comitiva, la cual, después de incorporársele los dos jinetes, se perdió por entre las estrechas y oscuras calles de Soria.

II

Los servidores acababan de levantar los manteles; la alta chimenea gótica del palacio de los condes de Alcudiel despedía un vivo resplandor, iluminando algunos grupos de damas y caballeros que alrededor de la lumbre conversaban familiarmente, y el viento azotaba los emplomados vidrios de las ojivas del salón.

Solas dos personas parecían ajenas a la conversación general: Beatriz y Alonso. Beatriz seguía con los ojos, y absorta en un vago pensamiento, los caprichos de la llama. Alonso miraba el reflejo de la hoguera chispear en las azules pupilas de Beatriz.

Ambos guardaban hacía rato un profundo silencio.

Las dueñas se referían, a propósito de la noche de difuntos, cuentos temerosos, en que los espectros y los aparecidos representaban el principal papel; y las campanas de las iglesias de Soria doblaban a lo lejos con un tañido monótono y triste.

—Hermosa prima —exclamó al fin Alonso, rompiendo el largo silencio en que se encontraban—, pronto vamos a separarnos, tal vez para siempre; las áridas llanuras de Castilla, sus costumbres toscas y guerreras, sus hábitos sencillos y patriarcales, sé que no te gustan; te he oído suspirar varias veces, acaso por algún galán de tu lejano señorío.

Beatriz hizo un gesto de fría indiferencia: todo un carácter de mujer se reveló en aquella desdeñosa contracción de sus delgados labios.

—Tal vez por la pompa de la corte francesa, donde hasta aquí has vivido —se apresuró a añadir el joven—. De un modo o de otro, presiento que no tardaré en perderte... Al separarnos, quisiera que llevases una memoria mía... ¿Te acuerdas cuando fuimos al templo a dar gracias a Dios por haberte devuelto la salud que viniste a buscar a esta tierra? El joyel que sujetaba la pluma de mi gorra cautivó tu atención. ¡Qué hermoso estaría sujetando un velo sobre tu oscura cabellera! Ya ha prendido el de una desposada, mi padre se lo regaló a la que me dio el ser, y ella lo llevó al altar... ¿Lo quieres?

—No sé en el tuyo —contestó la hermosa—; pero en mi país una prenda recibida compromete una voluntad. Sólo en un día de ceremonia debe aceptarse un presente de manos de un deudo..., que aún puede ir a Roma sin volver con las manos vacías.

El acento helado con que Beatriz pronunció estas palabras turbó un momento al joven que, después de serenarse, dijo con tristeza:

—Lo sé, prima; pero hoy se celebran Todos los Santos, y el tuyo entre todos; hoy es día de ceremonias y presentes. ¿Quieres aceptar el mío?

Beatriz se mordió ligeramente los labios y extendió la mano para tomar la joya, sin añadir una palabra.

Los dos jóvenes volvieron a quedarse en silencio, y volvióse a oír la cascada voz de las viejas que hablaban de brujas y de trasgos, y el zumbido del aire que hacía crujir los vidrios de las ojivas, y el triste y monótono doblar de las campanas.

Al cabo de algunos minutos, el interrumpido diálogo tornó a anudarse de este modo:

—Y antes que concluya el día de Todos los Santos, en que así como el tuyo se celebra el mío, y puedes, sin atar tu voluntad, dejarme un recuerdo, ¿no lo harás? —dijo él, clavando una mirada en la de su prima, que brilló como un relámpago, iluminada por un pensamiento diabólico.

—Por qué no? —exclamó ésta, llevándose la mano al hombro derecho como para buscar alguna cosa entre los pliegues de su ancha manga de terciopelo bordado de oro. Después, con una infantil expresión de sentimiento, añadió—: ¿Te acuerdas de la banda azul que llevé hoy a la cacería, y que por no sé qué emblema de su color me dijiste que era la divisa de tu alma?

—Sí.

—¡Pues... se ha perdido! Se ha perdido, y pensaba dejártela como un recuerdo.

—¡Se ha perdido! ¿Y dónde? —preguntó Alonso, incorporándose de su asiento y con una indescriptible expresión de temor y esperanza.

—No sé... En el monte, acaso.

—¡En el Monte de las Ánimas! —murmuró, palideciendo y dejándose caer sobre el sitial—. ¡En el Monte de las Ánimas! —luego prosiguió, con voz entrecortada y sorda—: Tú lo sabes, porque lo habrás oído mil veces. En la ciudad, en toda Castilla, me llaman el rey de los cazadores. No habiendo aún podido probar mis fuerzas en los combates, como mis ascendientes, he llevado a esa diversión, imagen de la guerra, todos los bríos de mi juventud, todo el ardor hereditario en mi raza. La alfombra que pisan tus pies son despojos de fieras que he muerto por mi mano. Yo conozco sus guaridas y sus costumbres, yo he combatido con ellas de día y de noche, a pie y a caballo, solo y en batida, y nadie dirá que me ha visto huir el peligro en ninguna ocasión. Otra noche volaría por esa banda, y volaría gozoso como a una fiesta; y, sin embargo, esta noche... esta noche, ¿a qué ocultártelo?, tengo miedo. ¿Oyes? Las campanas doblan, la oración ha sonado en San Juan del Duero, las ánimas del monte comenzarán ahora a levantar sus amarillentos cráneos de entre las malezas que cubren sus fosas. ¡Las ánimas!, cuya sola vista puede helar de horror la sangre del más valiente, tornar sus cabellos blancos o arrebatarle en el torbellino de su fantástica carrera como una hoja que arrastra el viento sin que se sepa adónde.

Mientras el joven hablaba, una sonrisa imperceptible se dibujó en los labios de Beatriz, que, cuando hubo concluido, exclamó en un tono indiferente y mientras atizaba el fuego del hogar, donde saltaba y crujía la leña, arrojando chispas de mil colores:

—¡Oh! Eso, de ningún modo. ¡Qué locura! ¡Ir ahora al monte por semejante friolera! ¡Una noche tan oscura, noche de difuntos y cuajado el camino de lobos!

Al decir esta última frase la recargó de un modo tan especial que Alonso no pudo menos de comprender toda su amarga ironía; movido como por un resorte se puso de pie, se pasó la mano por la frente, como para arrancarse el miedo que estaba en su cabeza y no en su corazón, y con voz firme exclamó, dirigiéndose a la hermosa, que estaba aún inclinada sobre el hogar, entreteniéndose en revolver el fuego:

—Adiós, Beatriz, adiós. Hasta... pronto.

—¡Alonso, Alonso! —dijo ésta, volviéndose con rapidez; pero cuando quiso o aparentó querer detenerle, el joven había desaparecido.

A los pocos minutos se oyó el rumor de un caballo que se alejaba al galope. La hermosa, con una radiante expresión de orgullo satisfecho que coloreó sus mejillas, prestó atento oído a aquel rumor que se debilitaba, que se perdía, que se desvaneció por último.

Las viejas, en tanto, continuaban en sus cuentos de ánimas aparecidas; el aire zumbaba en los vidrios del balcón, y las campanas de la ciudad doblaban a lo lejos.

III

Había pasado una hora, dos, tres; la medianoche estaba a punto de sonar, cuando Beatriz se retiró a su oratorio. Alonso no volvía, no volvía, y, a querer, en menos de una hora pudiera haberlo hecho.

—¡Habrá tenido miedo! —exclamó la joven, cerrando su libro de oraciones y encaminándose a su lecho, después de haber intentado inútilmente murmurar algunos de los rezos que la Iglesia consagra en el día de difuntos a los que ya no existen.

Después de haber apagado la lámpara y cruzado las dobles cortinas de seda, se durmió; se durmió con un sueño inquieto, ligero, nervioso.

Las doce sonaron en el reloj del Postigo. Beatriz oyó entre sueños las vibraciones de la campana, lentas, sordas, tristísimas, y entreabrió los ojos. Creía haber oído, a par de ellas, pronunciar su nombre; pero lejos, muy lejos, y por una voz ahogada y doliente. El viento gemía en los vidrios de la ventana.

—Será el viento —dijo, y poniéndose la mano sobre el corazón procuró tranquilizarse.

Pero su corazón latía cada vez con más violencia, las puertas de alerce del oratorio habían crujido sobre sus goznes con un chirrido agudo, prolongado y estridente.

Primero unas y luego las otras más cercanas, todas las puertas que daban paso a su habitación iban sonando por su orden; éstas con un ruido sordo y grave, aquéllas con un lamento largo y crispador. Después, silencio; un silencio lleno de rumores extraños, el silencio de la medianoche; con un murmullo monótono de agua distante, ladridos de perros, voces confusas, palabras ininteligibles; eco de pasos que van y vienen, crujir de ropas que se arrastran, suspiros que se ahogan, respiraciones fatigosas que casi se sienten, estremecimientos involuntarios que anuncian la presencia de algo que no se ve, y que no obstante se nota su aproximación en la oscuridad.

Beatriz, inmóvil, temblorosa, adelantó la cabeza fuera de las cortinas y escuchó un momento. Oía mil ruidos diversos; se pasaba la mano por la frente, tornaba a escuchar; nada, silencio.

Veía, con esa fosforescencia de la pupila en las crisis nerviosas, como bultos que se movían en todas direcciones, y cuando dilatándolas las fijaba en un punto, nada; oscuridad, las sombras impenetrables.

—¡Bah! —exclamó, volviendo a recostar su hermosa cabeza sobre la almohada de raso azul del lecho—. ¿Soy yo tan miedosa como estas pobres gentes cuyo corazón palpita de terror bajo una armadura al oír una conseja de aparecidos?

Y cerrando los ojos, intentó dormir...; pero en vano había hecho un esfuerzo sobre sí misma. Pronto volvió a incorporarse, más pálida, más inquieta, más aterrada. Ya no era una ilusión: las colgaduras de brocado de la puerta habían rozado al separarse, y unas pisadas lentas sonaban sobre la alfombra; el rumor de aquellas pisadas era sordo, casi imperceptible, pero continuado, y a su compás se oía crujir una cosa como madera o hueso. Y se acercaban, se acercaban, y se movió el reclinatorio que estaba a la orilla de su lecho. Beatriz lanzó un grito agudo, y rebujándose en la ropa que la cubría escondió la cabeza y contuvo el aliento.

El aire azotaba los vidrios del balcón; el agua de la fuente lejana caía y caía con un rumor eterno y monótono; los ladridos de los perros se dilataban en las ráfagas del aire, y las campanas de la ciudad de Soria, unas cerca, otras distantes, doblaban tristemente por las ánimas de los difuntos.

Así pasó una hora, dos, la noche, un siglo, porque la noche aquella pareció eterna a Beatriz. Al fin, despuntó la aurora. Vuelta de su temor, entreabrió los ojos a los primeros rayos de la luz. Después de una noche de insomnio y de terrores, ¡es tan hermosa la luz clara y blanca del día! Separó las cortinas de seda del lecho, tendió una mirada serena a su alrededor, y ya se disponía a reírse de sus temores pasados, cuando de repente un sudor frío cubrió su cuerpo, sus ojos se desencajaron y una palidez mortal descoloró sus mejillas: sobre el reclinatorio había visto, sangrienta y desgarrada, la banda azul que perdiera en el monte, la banda azul que fue a buscar Alonso.

Cuando sus servidores llegaron, despavoridos, a noticiarle la muerte del primogénito de Alcudiel, que a la mañana había aparecido devorado por los lobos entre las malezas del Monte de las Ánimas, la encontraron inmóvil, crispada, asida con ambas manos a una de las columnas de ébano del lecho, desencajados los ojos, entreabierta la boca, blancos los labios, rígidos los miembros, muerta, muerta de horror.

IV

Dicen que después de acaecido este suceso, un cazador extraviado que pasó la noche de difuntos sin poder salir del Monte de las Ánimas, y que al otro día, antes de morir, pudo contar lo que viera, refirió cosas horribles. Entre otras, se asegura que vio a los esqueletos de los antiguos templarios y de los nobles de Soria enterrados en el atrio de la capilla levantarse al punto de la oración con un estrépito horrible, y caballeros sobre osamentas de corceles, perseguir como a una fiera a una mujer hermosa, pálida y desmelenada que, con los pies desnudos y sangrientos, y arrojando gritos de horror, daba vueltas alrededor de la tumba de Alonso.

Los ojos verdes

(Leyenda)

Hace mucho tiempo que tenía ganas de escribir cualquier cosa con este título. Hoy, que se me ha presentado ocasión, lo he puesto con letras grandes en la primera cuartilla de papel, y luego he dejado a capricho volar la pluma.

Yo creo que he visto unos ojos como los que he pintado en esta leyenda. No sé si en sueños, pero yo los he visto. De seguro no los podré describir tal cual ellos eran: luminosos, transparentes como las gotas de la lluvia que se resbalan sobre las hojas de los árboles después de una tempestad de verano. De todos modos, cuento con la imaginación de mis lectores para hacerme comprender en este que pudiéramos llamar boceto de un cuadro que pintaré algún día.

I

—Herido va el ciervo..., herido va; no hay duda. Se ve el rastro de la sangre entre las zarzas del monte, y al saltar uno de esos lentiscos han flaqueado sus piernas... Nuestro joven señor comienza por donde otros acaban... En cuarenta años de montero no he visto mejor golpe... Pero, ¡por San Saturio, patrón de Soria!, cortadle el paso por esas carrascas, azuzad los perros, soplad en esas trompas hasta echar los hígados, y hundidle a los corceles una cuarta de hierro en los ijares: ¿no veis que se dirige hacia la fuente de los Álamos y si la salva antes de morir podemos darle por perdido?

Las cuencas del Moncayo repitieron de eco en eco el bramido de las trompas, el latir de la jauría desencadenada, y las voces de los pajes resonaron con nueva furia, y el confuso tropel de hombres, caballos y perros se dirigió al punto que Íñigo, el montero mayor de los marqueses de Almenar, señalara como el más a propósito para cortarle el paso a la res.

Pero todo fue inútil. Cuando el más ágil de los lebreles llegó a las carrascas, jadeante y cubiertas las fauces de espuma, ya el ciervo, rápido como una saeta, las había salvado de un solo brinco, perdiéndose entre los matorrales de una trocha que conducía a la fuente.

—¡Alto!... ¡Alto todo el mundo! —gritó Íñigo entonces—. Estaba de Dios que había de marcharse.

Y la cabalgata se detuvo, y enmudecieron las trompas, y los lebreles dejaron refunfuñando la pista a la voz de los cazadores.

En aquel momento se reunía a la comitiva el héroe de la fiesta, Fernando de Argensola, el primogénito de Almenar.

—Qué haces? —exclamó, dirigiéndose a su montero, y en tanto, ya se pintaba el asombro en sus facciones, ya ardía la cólera en sus ojos—. ¿Qué haces, imbécil? Ves que la pieza está herida, que es la primera que cae por mi mano, y abandonas el rastro y la dejas perder para que vaya a morir en el fondo del bosque. ¿Crees acaso que he venido a matar ciervos para festines de lobos?

—Señor —murmuró Íñigo entre dientes—, es imposible pasar de este punto.

—¡Imposible! ¿Y por qué?

—Porque esa trocha —prosiguió el montero— conduce a la fuente de los Álamos: la fuente de los Álamos, en cuyas aguas habita un espíritu del mal. El que osa enturbiar su corriente paga caro su atrevimiento. Ya la res habrá salvado sus márgenes. ¿Cómo las salvaréis vos sin atraer sobre vuestra cabeza alguna calamidad horrible? Los cazadores somos reyes del Moncayo, pero reyes que pagan un tributo. Pieza que se refugia en esa fuente misteriosa, pieza perdida.

—¡Pieza perdida! Primero perderé yo el señorío de mis padres, y primero perderé el ánima en manos de Satanás que permitir que se me escape ese ciervo, el único que ha herido mi venablo, la primicia de mis excursiones de cazador... ¿Lo ves?... ¿Lo ves?... Aún se distingue a intervalos desde aquí: las piernas le faltan, su carrera se acorta; déjame..., déjame; suelta esa brida o te revuelco en el polvo... ¿Quién sabe si no le daré lugar para que llegue a la fuente? Y si llegase, al diablo ella, su limpidez y sus habitadores. ¡Sus, *Relámpago!*; ¡sus, caballo mío! Si lo alcanzas, mando engarzar los diamantes de mi joyel en tu serreta de oro.

Caballo y jinete partieron como un huracán. Íñigo los siguió con la vista hasta que se perdieron en la maleza; después volvió los ojos en derredor suyo; todos, como él, permanecían inmóviles y consternados.

El montero exclamó al fin:

—Señores, vosotros lo habéis visto: me he expuesto a morir entre los pies de su caballo por detenerlo. Yo he cumplido con mi deber. Con el diablo no sirven valentías. Hasta aquí llega el montero con su ballesta; de aquí en adelante, que pruebe a pasar el capellán con su hisopo.

II

—Tenéis la color quebrada; andáis mustio y sombrío. ¿Qué os sucede? Desde el día, que yo siempre tendré por funesto, en que llegasteis a la fuente de los Álamos en pos de la res herida, diríase que una mala bruja os ha encanijado con sus hechizos. Ya no vais a los montes precedido de la ruidosa jauría ni el clamor de vuestras trompas despierta sus ecos. Sólo con esas cavilaciones que os persiguen, todas las mañanas tomáis la ballesta para enderezaros a la espesura y permanecer en ella hasta que el sol se esconde. Y cuando la noche oscurece y volvéis pálido y fatigado al castillo, en balde busco en la bandolera los despojos de la caza. Qué os ocupa tan largas horas lejos de los que más os quieren?

Mientras Íñigo hablaba, Fernando, absorto en sus ideas, sacaba maquinalmente astillas de su escaño de ébano con el cuchillo de monte.

Después de un largo silencio, que sólo interrumpía el chirrido de la hoja al resbalarse sobre la pulimentada madera, el joven exclamó, dirigiéndose a su servidor, como si no hubiera escuchado una sola de sus palabras:

—Íñigo, tú que eres viejo, tú que conoces todas las guaridas del Moncayo, que has vivido en sus faldas persiguiendo a las fieras, y en tus errantes excursiones de cazador subiste más de una vez a su cumbre, dime: ¿has encontrado, por acaso, una mujer que vive entre sus rocas?

—¡Una mujer! —exclamó el montero con asombro y mirándole de hito en hito.

—Sí —dijo el joven—; es una cosa extraña lo que me sucede, muy extraña... Creí poder guardar este secreto eternamente, pero no es ya posible, rebosa en mi corazón y asoma a mi semblante. Voy, pues, a revelártelo... Tú me ayudarás a desvanecer el misterio que envuelve a esa criatura que, al parecer, sólo para mí existe, pues nadie la conoce, ni la ha visto, ni puede darme razón de ella.

El montero, sin despegar los labios, arrastró su banquillo hasta colocarse junto al escaño de su señor, del que no apartaba un punto los espantados ojos. Éste, después de coordinar sus ideas, prosiguió así:

—Desde el día en que, a pesar de tus funestas predicciones, llegué a la fuente de los Álamos y, atravesando sus aguas, recobré el ciervo que vuestra superstición hubiera dejado huir, se llenó mi alma del deseo de la soledad.

»¿Tú no conoces aquel sitio? Mira: la fuente brota escondida en el seno de una peña, y cae, resbalándose gota a gota, por entre las verdes y flotantes hojas de las plantas que crecen al borde de su cuna. Aquellas gotas, que al desprenderse brillan como puntos de oro y suenan como las notas de un instrumento, se reúnen entre los céspedes y, susurrando, susurrando, con un ruido semejante al de las abejas que zumban en torno de las flores, se alejan por entre las arenas y forman un cauce, y luchan con los obstáculos que se oponen a su camino, y se repliegan sobre sí mismas, y saltan, y huyen, y corren, unas veces con risas; otras, con suspiros, hasta caer en un lago. En el lago caen con un rumor indescriptible. Lamentos, palabras, nombres, cantares, yo no sé lo que he oído en aquel rumor cuando me he sentado solo y febril sobre el peñasco a cuyos pies saltan las aguas de la fuente misteriosa, para estancarse en una balsa profunda, cuya inmóvil superficie apenas riza el viento de la tarde.

»Todo allí es grande. La soledad, con sus mil rumores desconocidos, vive en aquellos lugares y embriaga el espíritu en su inefable melancolía. En las plateadas hojas de los álamos, en los huecos de las peñas, en las ondas del agua, parece que nos hablan los invisibles espíritus de la naturaleza, que reconocen un hermano en el inmortal espíritu del hombre.

»Cuando al despuntar la mañana me veías tomar la ballesta y dirigirme al monte, no fue nunca para perderme entre sus matorrales en pos de la caza, no; iba a sentarme al borde de la fuente a buscar en sus ondas... no sé qué, ¡una locura! El día que salté sobre ella con mi *Relámpago*, creí haber visto brillar en su fondo una cosa extraña..., muy extraña: los ojos de una mujer.

»Tal vez sería un rayo del sol que serpeó fugitivo entre su espuma; tal vez una de esas flores que flotan entre las algas de su seno y cuyos cálices parecen esmeraldas...; no sé; yo creí ver una mirada que se clavó en la mía, una mirada que encendió en mi pecho un deseo absurdo, irrealizable; el de encontrar una persona con unos ojos como aquéllos. En su busca fui un día y otro a aquel sitio.

»Por último, una tarde... yo me creí juguete de un sueño...; pero no, es verdad; la he hablado ya muchas veces como te hablo a ti ahora...; una tarde encontré sentada en mi puesto, y vestida con unas ropas que llegaban hasta las aguas y flotaban sobre su haz, una mujer hermosa sobre toda ponderación. Sus cabellos eran como el oro, sus pestañas brillaban como hilos de luz, y entre las pestañas volteaban inquietas unas pupilas que yo había visto..., sí, porque los ojos de aquella mujer eran los ojos que yo tenía clavados en la mente, unos ojos de un color imposible, unos ojos...

—¡Verdes! —exclamó Íñigo con un acento de profundo terror e incorporándose de un salto en su asiento.

Fernando le miró a su vez como asombrado de que concluyese lo que iba a decir, y le preguntó con una mezcla de ansiedad y alegría:

—¿La conoces?

—¡Oh, no! —dijo el montero—. ¡Líbreme Dios de conocerla! Pero mis padres, al prohibirme llegar hasta esos lugares, me dijeron mil veces que el espíritu, trasgo, demonio o mujer que habita en sus aguas tiene los ojos de ese color. Yo os conjuro por lo que más améis en la tierra a no volver a la fuente de los Álamos. Un día u otro os alcanzará su venganza y expiaréis, muriendo, el delito de haber encenegado sus ondas.

—¡Por lo que más amo! —murmuró el joven con una triste sonrisa.

—Sí —prosiguió el anciano—; por vuestros padres, por vuestros deudos, por las lágrimas de la que el cielo destina para vuestra esposa, por las de un servidor, que os ha visto nacer.

—¿Sabes tú lo que más amo en este mundo? ¿Sabes tú por qué daría yo el amor de mi padre, los besos de la que me dio la vida y todo el cariño que pueden atesorar todas las mujeres de la tierra? Por una mirada, por una sola mirada de esos ojos... ¡Mira cómo podré yo dejar de buscarlos!

Dijo Fernando estas palabras con tal acento, que la lágrima que temblaba en los párpados de Íñigo se resbaló silenciosa por su mejilla, mientras exclamó con acento sombrío:

—¡Cúmplase la voluntad del cielo!

III

—¿Quién eres tú? ¿Cuál es tu patria? ¿En dónde habitas? Yo vengo un día y otro en tu busca, y ni veo el corcel que te trae a estos lugares ni a los servidores que conducen tu litera. Rompe de una vez el misterioso velo en que te envuelves como en una noche profunda. Yo te amo, y, noble o villana, seré tuyo, tuyo siempre...

El sol había traspuesto la cumbre del monte; las sombras bajaban a grandes pasos por su falda; la brisa gemía entre los álamos de la fuente, y la niebla, elevándose poco a poco de la superficie del lago, comenzaba a envolver las rocas de su margen.

Sobre una de estas rocas, sobre una que parecía próxima a desplomarse en el fondo de las aguas, en cuya superficie se retrataba, temblando, el primogénito de Almenar, de rodillas a los pies de su misteriosa amante, procuraba en vano arrancarle el secreto de su existencia.

Ella era hermosa, hermosa y pálida como una estatua de alabastro, uno de sus rizos caía sobre sus hombros, deslizándose entre los pliegues del velo como un rayo del sol que atraviesa las nubes, y en el cerco de sus pestañas rubias brillaban sus pupilas como dos esmeraldas sujetas en una joya de oro.

Cuando el joven acabó de hablarle, sus labios se removieron como para pronunciar algunas palabras; pero sólo exhalaron un suspiro, un suspiro débil, doliente, como el de la ligera onda que empuja una brisa al morir entre los juncos.

—¡No me respondes! —exclamó Fernando al ver burlada su esperanza—. ¿Querrás que dé crédito a lo que de ti me han dicho? ¡Oh, no!... Háblame; yo quiero saber si me amas; yo quiero saber si puedo amarte, si eres una mujer...

—O un demonio... ¿y si lo fuese?

El joven vaciló un instante; un sudor frío corrió por sus miembros; sus pupilas se dilataron al fijarse con más intensidad en las de aquella mujer, y fascinado por su brillo fosfórico, demente casi, exclamó en un arrebato de amor:

—Si lo fueses..., te amaría..., te amaría como te amo ahora, como es mi destino amarte, hasta más allá de esta vida, si hay algo más allá de ella.

—Fernando —dijo la hermosa entonces con una voz semejante a una música—, yo te amo más aún que tú me amas; yo, que desciendo hasta un mortal siendo un espíritu puro. No soy una mujer como las que existen en la tierra; soy una mujer digna de ti, que eres superior a los demás hombres. Yo vivo en el fondo de estas aguas, incorpórea como ellas, fugaz y transparente: hablo con sus rumores y ondulo con sus pliegues. Yo no castigo al que osa turbar la fuente donde moro; antes le premio con mi amor, como un mortal superior a las supersticiones del vulgo, como a un amante capaz de comprender mi cariño extraño y misterioso.

Mientras ella hablaba así, el joven, absorto en la contemplación de su fantástica hermosura, atraído como por una fuerza desconocida, se aproximaba más y más al borde de la roca. La mujer de los ojos verdes prosiguió así:

—¿Ves, ves el límpido fondo de ese lago? ¿Ves esas plantas de largas y verdes hojas que se agitan en su fondo?... Ellas nos darán un lecho de esmeraldas y corales..., y yo..., yo te daré una felicidad sin nombre, esa felicidad que has soñado en tus horas de delirio y que no puede ofrecerte nadie... Ven; la niebla del lago flota sobre nuestras fuentes como un pabellón de lino...; las ondas nos llaman con sus voces incomprensibles; el viento empieza entre los álamos sus himnos de amor; ven..., ven...

La noche comenzaba a extender sus sombras; la luna rielaba en la superficie del lago; la niebla se arremolinaba al soplo del aire, y los ojos verdes brillaban en la oscuridad como los fuegos fatuos que corren sobre el haz de las aguas infectas... «Ven, ven...» Estas palabras zumbaban en los oídos de Fernando como un conjuro. «Ven...», y la mujer misteriosa lo llamaba al borde del abismo donde estaba suspendida, y parecía ofrecerle un beso..., un beso...

Fernando dio un paso hacia ella..., otro, y sintió unos brazos delgados y flexibles que se liaban a su cuello, y una sensación fría en sus labios ardorosos, un beso de nieve..., y vaciló..., y perdió pie, y cayó al agua con un rumor sordo y lúgubre.

Las aguas saltaron en chispas de luz y se cerraron sobre su cuerpo, y sus círculos de plata fueron ensanchándose, ensanchándose, hasta expirar en las orillas.

Maese Pérez el organista

(Leyenda Sevillana)

En Sevilla, en el mismo atrio de Santa Inés, y mientras esperaba a que comenzase la misa del gallo, oí esta tradición a una demandadera del convento.

Como era natural, después de oírla aguardé impaciente a que comenzara la ceremonia, ansioso de asistir a un prodigio.

Nada menos prodigioso, sin embargo, que el órgano de Santa Inés, ni nada más vulgar que los insulsos motetes con que nos regaló su organista aquella noche. Al salir de la misa no pude por menos de decirle a la demandadera con aire de burla:

—¿En qué consiste que el órgano de maese Pérez suena ahora tan mal?

—¡Toma —me contestó la vieja—, en que ése no es el suyo!

—¿No es el suyo? ¿Pues qué ha sido de él?

—Se cayó a pedazos de puro viejo hace una porción de años.

—¿Y el alma del organista?

—No ha vuelto a aparecer desde que colocaron el que ahora le sustituye.

Si a alguno de mis lectores se le ocurriese hacerme la misma pregunta después de leer esta historia, ya sabe el porqué no se ha continuado el milagroso portento hasta nuestros días.

I

—¿Veis ese de la capa roja y la pluma blanca en el fieltro, que parece que trae sobre su justillo todo el oro de los galeones de Indias? ¿Aquel que baja en este momento de su litera para dar la mano a esa otra señora que, después de dejar la suya, se adelanta hacia aquí, precedida de cuatro pajes con hachas? Pues ése es el marqués de Moscosso, galán de la condesa viuda de Villapineda. Se dice que antes de poner sus ojos sobre esta dama había pedido en matrimonio a la hija de un opulento señor; mas el padre de la doncella, de quien se murmura que es un poco avaro... Pero, ¡calle!, en hablando del ruin de Roma, cátale aquí que asoma. ¿Veis aquel que viene por debajo del arco de San Felipe, a pie, embozado en una capa oscura y precedido de un solo criado con una linterna? Ahora llega frente al retablo.

»¿Reparasteis, al desembozarse para saludar a la imagen, en la encomienda que brilla en su pecho? A no ser por ese noble distintivo, cualquiera le creería un lonjista de la calle de Culebras... Pues ése es el padre en cuestión. Mirad cómo la gente del pueblo le abre paso y le saluda. Toda Sevilla le conoce por su colosal fortuna. Él solo tiene más ducados de oro en sus arcas que soldados mantiene nuestro señor rey don Felipe, y con sus galeones podría formar una escuadra suficiente a resistir a la del Gran Turco...

»Mirad, mirad ese grupo de señores graves; ésos son los caballeros veinticuatro. ¡Hola, hola! También está aquí el flamencote, a quien se dice que no han echado ya el guante los señores de la cruz verde merced a su influjo con los magnates de Madrid... Éste no viene a la iglesia más que a oír música... No, pues si maese Pérez no le arranca con su órgano lágrimas como puños, bien se puede asegurar que no tiene su alma en su armario, sino friyéndose en las calderas de Pedro Botero... ¡Ay, vecina! Malo..., malo... Presumo que vamos a tener jarana. Yo me refugio en la iglesia. Pues, por lo que veo, aquí van a andar más de sobra los cintarazos que los *paternoster.* Mirad, mirad: las gentes del duque de Alcalá doblan la esquina de la plaza de San Pedro, y por el callejón de las Dueñas se me figura que he columbrado a las del de Medina Sidonia. ¿No os lo dije?

»Ya se han visto, ya se detienen unos y otros, sin pasar de sus puestos... Los grupos se disuelven... Los ministriles, a quienes en estas ocasiones apalean amigos y enemigos, se retiran... Hasta el señor asistente, con su vara y todo, se refugia en el atrio... Y luego dicen que hay justicia. Para los pobres...

»Vamos, vamos, ya brillan los broqueles en la oscuridad... ¡Nuestro Señor del Gran Poder nos asista! Ya comienzan los golpes... ¡Vecina, vecina! Aquí..., antes que cierren las puertas. Pero ¡calle! ¿Qué es eso? Aún no han comenzado, cuando lo dejan... ¿Qué resplandor es aquél?... ¡Hachas encendidas! ¡Literas! Es el señor arzobispo.

»La Virgen Santísima del Amparo, a quien invocaba ahora mismo con el pensamiento, lo trae en mi ayuda... ¡Ay! ¡Si nadie sabe lo que yo le debo a esta Señora!... ¡Con cuánta usura me paga las candelillas que le enciendo los sábados... Vedlo qué hermosote está con sus hábitos morados y su birrete rojo... Dios le conserve en su silla tantos siglos como yo deseo de vida para mí. Si no fuera por él media Sevilla hubiera ya ardido con estas disensiones de los duques. Vedlos, vedlos, los hipocritones, cómo se acercan ambos a la litera del prelado para besarle el anillo... Cómo le siguen y le acompañan confundiéndose con sus familiares. Quién diría que esos dos que parecen tan amigos si dentro de media hora se encuentran en una calle oscura... Es decir, ¡ellos, ellos!... Líbreme Dios de creerlos cobardes. Buena muestra han dado de sí peleando en algunas ocasiones contra los enemigos de Nuestro Señor... Pero es la verdad que si se buscaran... Y se buscaran con ganas de encontrarse, se encontrarían, poniendo fin de una vez: a estas continuas reyertas, en las cuales los que verdaderamente se baten el cobre de firme son sus deudos, sus allegados y su servidumbre.

»Pero vamos, vecina, vamos a la iglesia, antes que se ponga de bote en bote..., que algunas noches como ésta suele llenarse de modo que no cabe ni un grano de trigo... Buena ganga tienen las monjas con su organista... ¿Cuándo se ha visto el convento tan favorecido como ahora?... De las otras comunidades puedo decir que le han hecho a maese Pérez proposiciones magníficas. Verdad que nada tiene de extraño, pues hasta el señor arzobispo le ha ofrecido montes de oro por llevarle a la catedral... Pero él, nada... Primero dejaría la vida que abandonar su órgano favorito... ¿No conocéis a maese Pérez? Verdad es que sois nueva en el barrio... Pues es un santo varón, pobre sí, pero limosnero cual no otro... Sin más parientes que su hija ni más amigo que su órgano, pasa su vida entera en velar por la inocencia de la una y componer los registros del otro... ¡Cuidado que el órgano es viejo!... Pues nada; él se da tal maña en arreglarlo y cuidarle, que suena que es una maravilla... Como que le conoce de tal modo, que a tientas... Porque no sé si no lo he dicho, pero el pobre señor es ciego de nacimiento... ¡Y con qué paciencia lleva su desgracia!... Cuando le preguntan que cuánto daría por ver, responde: "Mucho, pero no tanto como creéis, porque tengo esperanzas". "¿Esperanzas de ver?" "Sí, y muy pronto –añade, sonriendo como un ángel–. Ya cuento setenta y seis años. Por muy larga que sea mi vida, pronto veré a Dios."

»¡Pobrecito! Y sí lo verá..., porque es humilde como las piedras de la calle, que se dejan pisar de todo el mundo. Siempre dice que no es más que un pobre organista de convento, y puede dar lecciones de solfa al mismo maestro de la capilla de la Primada. Como que echó los dientes en el oficio... Su padre tenía la misma profesión que él. Yo no le conocí, pero mi señora madre, que santa gloria haya, dice que le llevaba siempre al órgano consigo para darle a los fuelles. Luego, el muchacho mostró tales disposiciones, que, como era natural, a la muerte de su padre heredó el cargo... ¡Y qué manos tiene! ¡Dios se las bendiga! Merecía que se las llevaran a la calle de Chicharreros y se las engarzasen en oro... Siempre toca bien, siempre; pero en semejante noche como ésta es un prodigio... Él tiene una gran devoción por esta ceremonia de la misa del Gallo, y cuando levantan la Sagrada Forma, al punto y hora de las doce, que es cuando vino al mundo Nuestro Señor Jesucristo... las voces de su órgano son voces de ángeles.

»En fin, ¿para qué tengo que ponderarle lo que esta noche oirá? Baste el ver cómo todo lo más florido de Sevilla, hasta el mismo señor arzobispo, vienen a un humilde convento para escucharle. Y no se crea que sólo la gente sabida, y a la que se le alcanza esto de la solfa, conocen su mérito, sino que hasta el populacho. Todas esas bandadas que veis llegar con teas encendidas, entonando villancicos con gritos desaforados al compás de los panderos, las sonajas y las zambombas, contra su costumbre, que es la de alborotar las iglesias, callan como muertos cuando pone maese Pérez las manos en el órgano...; y cuando alzan... cuando alzan no se siente una mosca... de todos los ojos caen lagrimones tamaños y al concluir se oye como un suspiro inmenso, que no es otra cosa que la respiración de los circunstantes, contenida mientras dura la música... Pero vamos, vamos; ya han dejado de tocar las campanas, y va a comenzar la misa. Vamos adentro... Para todo el mundo es esta noche Nochebuena, pero para nadie mejor que para nosotros.

Esto diciendo, la buena mujer que había servido de *cicerone* a su vecina atravesó el atrio del convento de Santa Inés y, codazo en éste, empujón en aquél, se internó en el templo perdiéndose entre la muchedumbre que se agolpaba en la puerta.

II

La iglesia estaba iluminada con una profusión asombrosa. El torrente de luz que se desprendía de los altares para llenar sus ámbitos chispeaba en los ricos joyeles de las damas que, arrodillándose sobre los cojines de terciopelo que tendían los pajes y tomando el libro de oraciones de manos de sus dueñas, vinieron a formar un brillante círculo alrededor de la verja del presbiterio.

Junto a aquella verja, de pie, envueltos en sus capas de color galoneadas de oro, dejando entrever con estudiado descuido las encomiendas rojas y verdes, en la una mano el fieltro, cuyas plumas besaban los tapices; la otra sobre los bruñidos gavilanes del estoque o acariciando el pomo del cincelado puñal, los caballeros veinticuatro, con gran parte de lo mejor de la nobleza sevillana, parecían formar un muro destinado a defender a sus hijas y a sus esposas del contacto con la plebe. Ésta, que se agitaba en el fondo de las naves con un rumor parecido al del mar cuando se alborota, prorrumpió en una aclamación de júbilo, acompañada del discordante sonido de las sonajas y los panderos, al mirar aparecer al arzobispo, el cual, después de sentarse junto al altar mayor, bajo un solio de grana que rodearon sus familiares, echó por tres veces la bendición al pueblo.

Era hora de que comenzase la misa. Transcurrieron, sin embargo, algunos minutos sin que el celebrante apareciese. La multitud comenzaba a rebullirse demostrando su impaciencia; los caballeros cambiaban entre sí algunas palabras a media voz, el arzobispo mandó a la sacristía a uno de sus familiares a inquirir el porqué no comenzaba la ceremonia.

—Maese Pérez se ha puesto malo, muy malo, y será imposible que asista esta noche a la misa de medianoche.

Ésa fue la respuesta del familiar.

La noticia cundió instantáneamente entre la muchedumbre. Pintar el efecto desagradable que causó en todo el mundo sería cosa imposible. Baste decir que comenzó a notarse tal bullicio en el templo que el asistente se puso de pie y los alguaciles entraron a imponer silencio confundiéndose entre las apiñadas olas de la multitud.

En aquel momento, un hombre mal trazado, seco, huesudo y bisojo por añadidura, se adelantó hasta el sitio que ocupaba el prelado.

—Maese Pérez está enfermo —dijo—. La ceremonia no puede empezar. Si queréis, yo tocaré el órgano en su ausencia, que ni maese Pérez es el primer organista del mundo, ni a su muerte dejará de usarse este instrumento por falta de inteligentes.

El arzobispo hizo una señal de asentimiento con la cabeza, y ya algunos de los fieles, que conocían a aquel personaje extraño por un organista envidioso, enemigo del de Santa Inés, comenzaban a prorrumpir en exclamaciones de disgusto, cuando de improviso se oyó en el atrio un ruido espantoso.

—¡Maese Pérez está aquí!... ¡Maese Pérez está aquí!...

A estas voces de los que estaban apiñados en la puerta, todo el mundo volvió la cara.

Maese Pérez, pálido y desencajado, entraba, en efecto, en la iglesia, conducido en un sillón, que todos se disputaban el honor de llevar en sus hombros.

Los preceptos de los doctores, las lágrimas de su hija, nada había sido bastante a detenerle en el lecho.

—No —había dicho—. Ésta es la última, lo conozco. Lo conozco, y no quiero morir sin visitar mi órgano, y esta noche sobre todo, la Nochebuena. Vamos, lo quiero, lo mando. Vamos a la iglesia.

Sus deseos se habían cumplido. Los concurrentes lo subieron en brazos a la tribuna y comenzó la misa. En aquel punto sonaban las doce en el reloj de la catedral.

Pasó el introito, y el evangelio, y el ofertorio, y llegó el instante solemne en que el sacerdote, después de haberla consagrado, toma con la extremidad de sus dedos la Sagrada Forma y comienza a elevarla.

Una nube de incienso que se desenvolvía en ondas azuladas llenó el ámbito de la iglesia. Las campanillas repicaron con un sonido vibrante y maese Pérez puso sus crispadas manos sobre las teclas del órgano.

Las cien voces de sus tubos de metal resonaron en un acorde majestuoso y prolongado, que se perdió poco a poco, como si una ráfaga de aire hubiese arrebatado sus últimos ecos.

A este primer acorde, que parecía una voz que se elevaba desde la tierra al cielo, respondió otro lejano y suave, que fue creciendo, creciendo, hasta convertirse en un torrente de atronadora armonía. Era la voz de los ángeles que, atravesando los espacios, llegaba al mundo.

Después comenzaron a oírse como unos himnos distantes que entonaban las jerarquías de serafines. Mil himnos a la vez, que al confundirse formaban uno solo que, no obstante, sólo era el acompañamiento de una extraña melodía, que parecía flotar sobre aquel océano de acordes misteriosos, como un jirón de niebla sobre las olas del mar.

Luego fueron perdiéndose unos cuantos; después, otros. La combinación se simplificaba. Ya no eran más que dos voces, cuyos ecos se confundían entre sí; luego quedó una aislada, sosteniendo una nota brillante como un hilo de luz. El sacerdote inclinó la frente, y por encima de su cabeza cana, y como a través de una gasa azul que fingía el humo del incienso, apareció la hostia a los ojos de los fieles. En aquel instante, la nota que maese Pérez sostenía tremando se abrió, se abrió, y una explosión de armonía gigante estremeció la iglesia, en cuyos ángulos zumbaba el aire comprimido y cuyos vidrios de colores se estremecían en sus angostos ajimeces.

De cada una de las notas que formaban aquel magnífico acorde se desarrolló un tema, y unos cerca, otros lejos, éstos brillantes, aquéllos sordos, diríase que las aguas y los pájaros, las brisas y las frondas, los hombres y los ángeles, la tierra y los cielos, cantaban, cada cual en su idioma, un himno al nacimiento del Salvador.

La multitud escuchaba atónita y suspendida. En todos los ojos había una lágrima; en todos los espíritus, un profundo recogimiento.

El sacerdote que oficiaba sentía temblar sus manos, porque Aquel que levantaba en ellas, Aquel a quien saludaban hombres y arcángeles, era su Dios, era su Dios, y le parecía haber visto abrirse los cielos y transfigurarse la hostia.

El órgano proseguía sonando; pero sus voces se apagaban gradualmente, como una voz que se pierde de eco en eco y se aleja y se debilita al alejarse, cuando sonó un grito en la tribuna, un grito desgarrador, agudo, un grito de mujer.

El órgano exhaló un sonido discorde y extraño, semejante a un sollozo, y quedó mudo.

La multitud se agolpó a la escalera de la tribuna, hacia la que, arrancados de su éxtasis religioso, volvieron la mirada con ansiedad todos los fieles.

—Qué ha sucedido? ¿Qué pasa? —se decían unos a otros, y nadie sabía responder, y todos se empeñaban en adivinarlo, y crecía la confusión, y el alboroto comenzaba a subir de punto, amenazando turbar el orden y el recogimiento propios de la iglesia.

—Qué ha sido eso? —preguntaron las damas al asistente que, precedido de los ministriles, fue uno de los primeros a subir a la tribuna y que, pálido y con muestras de profundo pesar, se dirigía al puesto en donde le esperaba el arzobispo, ansioso, como todos, por saber la causa de aquel desorden.

—¿Qué hay?

—Que maese Pérez acaba de morir.

En efecto, cuando los primeros fieles, después de atropellarse por la escalera, llegaron a la tribuna, vieron al pobre organista caído de boca sobre las teclas de su viejo instrumento, que aún vibraba sordamente, mientras su hija, arrodillada a sus pies, lo llamaba en vano entre suspiros y sollozos.

III

—Buenas noches, mi señora doña Baltasara. ¿También usarced viene esta noche a la misa del Gallo? Por mi parte, tenía hecha intención de irla a oír a la parroquia; pero, lo que sucede... ¿Dónde va Vicente? Dónde va la gente. Y eso que, si he de decir la verdad, desde que murió maese Pérez parece que me echan una losa sobre el corazón cuando entro en Santa Inés... ¡Pobrecito! ¡Era un santo!... Yo de mí sé decir que conservo un pedazo de su jubón como una reliquia, y lo merece. Pues en Dios y en mi ánima que si el señor arzobispo tomara mano en ello, es seguro que nuestros nietos le verían en altares... Mas ¿cómo ha de ser?... A muertos y a idos no hay amigos... Ahora lo que priva es la novedad..., ya me entiende usarced. ¡Qué! ¿No sabe nada de lo que pasa? Verdad que nosotras nos parecemos en eso: de nuestra casita a la iglesia y de la iglesia a nuestra casita, sin cuidarnos de lo que se dice o se deja de decir... Sólo que yo, así... al vuelo..., una palabra de acá, otra de acullá, sin ganas de enterarme siquiera, suelo estar al corriente de algunas novedades.

»Pues sí, señor. Parece cosa hecha que el organista de San Román, aquel bisojo que siempre está echando pestes de los otros organistas, aquel perdulariote, que más parece jifero de la Puerta de la Carne que maestro de solfa, va a tocar esta Nochebuena en lugar de maese Pérez. Ya sabrá usarced, porque esto lo ha sabido todo el mundo y es cosa pública en Sevilla, que nadie quería comprometerse a hacerlo. Ni aun su hija, que es profesora, y después de la muerte de su padre entró en el convento de novicia.

»Y era natural: acostumbrados a oír aquellas maravillas, cualquiera otra cosa había de parecernos mala, por más que quisieran evitarse las comparaciones. Pues cuando ya la comunidad había decidido que en honor del difunto, y como muestra de respeto a su memoria, permanecería callado el órgano en esta noche, hete aquí que se presenta nuestro hombre diciendo que él se atreve a tocarle... No hay nada más atrevido que la ignorancia. Cierto que la culpa no es suya, sino de los que le consienten esta profanación. Pero así va el mundo... Y digo... No es cosa la gente que acude... Cualquiera diría que nada ha cambiado de un año a otro. Los mismos personajes, el mismo lujo, los mismos empellones en la puerta, la misma animación en el atrio, la misma multitud en el templo... ¡Ay, si levantara el muerto la cabeza! Se volvía a morir por no oír su órgano tocado por manos semejantes.

»Lo que tiene que, si es verdad lo que me han dicho, las gentes del barrio le preparan una buena al intruso. Cuando llegue el momento de poner la mano sobre las teclas, va a comenzar una algarabía de sonajas, panderos y zambombas que no haya más que oír... Pero, ¡calle!, ya entra en la iglesia el héroe de la función. ¡Jesús, qué ropilla de colorines, qué gorguera de cañutos, qué aires de personaje! Vamos, vamos, que ya hace rato que llegó el arzobispo y va a comenzar la misa... Vamos, que me parece que esta noche va a darnos que contar para muchos días.

Esto diciendo, la buena mujer, que ya conocen nuestros lectores por sus exabruptos de locuacidad, penetró en Santa Inés, abriéndose, según costumbre, un camino entre la multitud a fuerza de empellones y codazos.

Ya se había dado principio a la ceremonia. El templo estaba tan brillante como el año anterior.

El nuevo organista, después de atravesar por en medio de los fieles que ocupaban las naves para ir a besar el anillo del prelado, había subido a la tribuna, donde tocaba, unos tras otros, los registros del órgano con una gravedad tan afectada como ridícula.

Entre la gente menuda que se apiñaba a los pies de la iglesia se oía un rumor sordo y confuso, cierto presagio de que la tempestad comenzaba a fraguarse y no tardaría mucho en dejarse sentir.

—Es un truhán que, por no hacer nada bien, ni aun mira a derechas —decían los unos.

—Es un ignorantón que, después de haber puesto el órgano de su parroquia peor que una carraca, viene a profanar el de maese Pérez —decían los otros.

Y mientras éste se desembarazaba del capote para prepararse a darle de firme a su pandero, y aquél apercibía sus sonajes, y todos se disponían a hacer bulla a más y mejor, sólo alguno que otro se aventuraba a defender tibiamente al extraño personaje, cuyo porte orgulloso y pedantesco hacía tan notable contraposición con la modesta apariencia y la afable bondad del difunto maese Pérez.

Al fin llegó el esperado momento, el momento solemne en que el sacerdote, después de inclinarse y murmurar algunas palabras santas, tomó la hostia en sus manos... Las campanillas repicaron, semejando su repique una lluvia de notas de cristal. Se elevaron las diáfanas ondas del incienso y sonó el órgano.

Una estruendosa algarabía llenó los ámbitos de la iglesia en aquel instante y ahogó su primer acorde.

Zampoñas, gaitas, sonajas, panderos, todos los instrumentos del populacho alzaron sus discordantes voces a la vez, pero la confusión y el estrépito sólo duró algunos segundos. Todos a la vez, como habían comenzado, enmudecieron de pronto.

El segundo acorde, amplio, valiente, magnífico, se sostenía aún, brotando de los tubos de metal del órgano como una cascada de armonía inagotable y sonora.

Cantos celestes como los que acarician los oídos en los momentos de éxtasis, cantos que percibe el espíritu y no los puede repetir el labio, notas sueltas de una melodía lejana que suenan a intérvalos, traídas en las ráfagas del viento; rumor de hojas que se besan en los árboles con un murmullo semejante al de la lluvia, trinos de alondras que se levantan gorjeando de entre las flores como una saeta despedida a las nubes; estruendos sin nombre, imponentes como los rugidos de una tempestad; coros de serafines sin ritmo ni cadencia, ignota música del cielo que sólo la imaginación comprende, himnos alados que parecían remontarse al trono del Señor como una tromba de luz y de sonidos... todo lo expresaban las cien voces del órgano con más pujanza, con más misteriosa poesía, con más fantástico color que lo habían expresado nunca.

Cuando el organista bajó de la tribuna, la muchedumbre que se agolpó a la escalera fue tanta y tanto su afán por verle y admirarle, que el asistente, temiendo, no sin razón, que le ahogaran entre todos, mandó a algunos de sus ministriles para que, vara en mano, le fueran abriendo camino hasta llegar al altar mayor, donde el prelado le esperaba.

—Ya veis —le dijo este último cuando le trajeron a su presencia—. Vengo desde mi palacio aquí sólo por escucharos. ¿Seréis tan cruel como maese Pérez que nunca quiso excusarme el viaje tocando la Nochebuena en la misa de la catedral?

—El año que viene —respondió el organista— prometo daros gusto, pues por todo el oro de la tierra no volvería a tocar este órgano.

—¿Y por qué? —interrumpió el prelado.

—Porque... —añadió el organista, procurando dominar la emoción que se revelaba en la palidez de su rostro—, porque es viejo y malo, y no puede expresar todo lo que se quiere.

El arzobispo se retiró, seguido de sus familiares. Unas tras otras, las literas de los señores fueron desfilando y perdiéndose en las revueltas de las calles vecinas; los grupos del atrio se disolvieron, dispersándose los fieles en distintas direcciones, y ya la demandadera se disponía a cerrar las puertas de la entrada del atrio, cuando se divisaban aún dos mujeres que después de persignarse y murmurar una oración ante el retablo del arco de San Felipe, prosiguieron su camino, internándose en el callejón de las Dueñas.

—Qué quiere usarced, mi señora doña Baltasara —decía la una—. Yo soy de este genial. Cada loco con su tema... Me lo habían de asegurar capuchinos descalzos y no lo creería del todo... Ese hombre no puede haber tocado lo que acabamos de escuchar... Si yo lo he oído mil veces en San Bartolomé, que era su parroquia, y de donde tuvo que echarle el señor cura por malo, y era cosa de taparse los oídos con algodones... Y luego, si no hay más que mirarle al rostro, que, según dicen, es el espejo del alma... Yo me acuerdo, pobrecito, como si la estuviera viendo, me acuerdo de la cara de maese Pérez cuando, en semejante noche como ésta, bajaba de la tribuna, después de haber suspendido al auditorio con sus primores... ¡Qué sonrisa tan bondadosa, qué color tan animado!... Era viejo y parecía un ángel... No que éste ha bajado las escaleras a trompicones, como si le ladrase un perro en la meseta, y con un olor de difunto y unas... Vamos, mi señora doña Baltasara, créame usarced, y créame con todas veras: yo sospecho que aquí hay busilis...

Comentando las últimas palabras, las dos mujeres doblaban la esquina del callejón y desaparecían.

Creemos inútil decir a nuestros lectores quién era una de ellas.

IV

Había transcurrido un año más. La abadesa del convento de Santa Inés y la hija de maese Pérez hablaban en voz baja, medio ocultas entre las sombras del coro de la iglesia. El esquilón llamaba a voz herida a los fieles desde la torre, y alguna que otra rara persona atravesaba el atrio, silencioso y desierto esta vez, y después de tomar el agua bendita en la puerta, escogía un puesto en un rincón de las naves, donde unos cuantos vecinos del barrio esperaban tranquilamente a que comenzara la misa del Gallo.

—Ya lo veis —decía la superiora—; vuestro temor es sobre manera pueril; nadie hay en el templo; toda Sevilla acude en tropel a la catedral esta noche. Tocad vos el órgano, y tocadle sin desconfianza de ninguna clase; estaremos en comunidad... Pero... proseguís callando, sin que cesen vuestros suspiros. ¿Qué os pasa? ¿Qué tenéis?

—Tengo... miedo —exclamó la joven con un acento profundamente conmovido.

—¡Miedo! ¿De qué?

—No sé..., de una cosa sobrenatural... Anoche, mirad, yo os había oído decir que teníais empeño en que tocase el órgano en la misa y, ufana con esta distinción, pensé arreglar sus registros y templarle, a fin de que hoy os sorprendiese... Vine al coro... sola..., abrí la puerta que conduce a la tribuna... En el reloj de la catedral sonaba en aquel momento una hora..., no sé cuál...; pero las campanadas eran tristísimas y muchas..., muchas..., estuvieron sonando todo el tiempo que yo permanecí como clavada en el dintel y aquel tiempo me pareció un siglo.

»La iglesia estaba desierta y oscura... Allá lejos, en el fondo, brillaba, como una estrella perdida en el cielo de la noche, una luz moribunda...: la luz de la lámpara que arde en el altar mayor... A sus reflejos debilísimos, que sólo contribuían a hacer más visible todo el profundo horror de las sombras, vi..., lo vi, madre, no lo dudéis; vi un hombre que, en silencio, y vuelto de espaldas hacia el sitio en que yo estaba, recorría con una mano las teclas del órgano, mientras tocaba con la otra sus registros..., y el órgano sonaba, pero sonaba de una manera indescriptible. Cada una de sus notas parecía un sollozo ahogado dentro del tubo de metal, que vibraba con el aire comprimido en su hueco y reproducía el tono sordo, casi imperceptible, pero justo.

»Y el reloj de la catedral continuaba dando la hora, y el hombre aquel proseguía recorriendo las teclas. Yo oía hasta su respiración.

»El horror había helado la sangre de mis venas; sentía en mi cuerpo como un frío glacial, y en mis sienes fuego... Entonces quise gritar, quise gritar, pero no pude. El hombre aquel había vuelto la cara y me había mirado...; digo mal, no me había mirado, porque era ciego... ¡Era mi padre!

—¡Bah! Hermana, desechad esas fantasías con que el enemigo malo procura turbar las imaginaciones débiles... rezad un *paternoster* y un avemaría al arcángel San Miguel, jefe de las milicias celestiales, para que os asista contra los malos espíritus. Llevad al cuello un escapulario tocado en la reliquia de San Pacomio, abogado contra las tentaciones, y marchad, marchad a ocupar la tribuna del órgano; la misa va a comenzar, y ya esperan con impaciencia los fieles. Vuestro padre está en el cielo, y desde allí, antes que a daros sustos, bajará a inspirar a su hija en esta ceremonia solemne, para él objeto de tan especial devoción.

La priora fue a ocupar su sillón en el coro en medio de la comunidad. La hija de maese Pérez abrió con mano temblorosa la puerta de la tribuna para sentarse en el banquillo del órgano, y comenzó la misa.

Comenzó la misa y prosiguió sin que ocurriese nada notable hasta que llegó la consagración. En aquel momento sonó el órgano, y al mismo tiempo que el órgano, un grito de la hija de maese Pérez. La superiora, las monjas y algunos de los fieles corrieron a la tribuna.

—¡Miradle! ¡Miradle! —decía la joven, fijando sus desencajados ojos en el banquillo, de donde se había levantado, asombrada, para agarrarse con sus manos convulsas al barandal de la tribuna.

Todo el mundo fijó sus miradas en aquel punto. El órgano estaba solo, y, no obstante, el órgano seguía sonando...; sonando como sólo los arcángeles podrían imitarle en sus raptos de místico alborozo.

*

—¿No os lo dije yo una y mil veces, mi señora doña Baltasara; no os lo dije yo? ¡Aquí hay busilis! Vedlo.

¡Qué!, ¿no estuvisteis anoche en la misa del Gallo? Pero, en fin, ya sabréis lo que pasó. En toda Sevilla no se habla de otra cosa... El señor arzobispo está hecho, y con razón, una furia... Haber dejado de asistir a Santa Inés, no haber podido presenciar el portento..., ¿y para qué?... Para oír una cencerrada, porque personas que lo oyeron dicen que lo que hizo el dichoso organista de San Bartolomé en la catedral no fue otra cosa... Si lo decía yo. Eso no puede haberlo tocado el bisojo, mentira...; aquí hay busilis, y el busilis era, en efecto, el alma de maese Pérez.

El rayo de luna

(Leyenda Soriana)

Yo no sé si esto es una historia que parece cuento o un cuento que parece una historia; lo que puedo decir es que en su fondo hay una verdad, una verdad muy triste, de la que acaso yo seré uno de los últimos en aprovecharme, dadas mis condiciones de imaginación.

Otro, con esta idea, tal vez hubiera hecho un tomo de filosofía lacrimosa; yo he escrito esta leyenda, que, a los que nada vean en su fondo, al menos podrá entretenerles un rato.

I

Era noble; había nacido entre el estruendo de las armas, y el insólito clamor de una trompa de guerra no le hubiera hecho levantar la cabeza un instante, ni apartar sus ojos un punto del oscuro pergamino en que leía la última cántiga de un trovador.

Los que quisieran encontrarle no lo debían buscar en el anchuroso patio de su castillo, donde los palafreneros domaban los potros, los pajes enseñaban a volar a los halcones y los soldados se entretenían los días de reposo en afilar el hierro de su lanza contra una piedra.

—¿Dónde está Manrique? ¿Dónde está vuestro señor? —preguntaba algunas veces su madre.

—No sabemos —respondían sus servidores—; acaso estará en el claustro del monasterio de la Peña, sentado al borde de una tumba, prestando oído a ver si sorprende alguna palabra de la conversación de los muertos; o en el puente, mirando correr una tras otra las olas del río por debajo de sus arcos; o acurrucado en la quiebra de una roca y entretenido en contar las estrellas del cielo, en seguir una nube con la vista o contemplar los fuegos fatuos que cruzan como exhalaciones sobre el haz de las lagunas. En cualquiera parte estará, menos en donde esté todo el mundo.

En efecto, Manrique amaba la soledad, y la amaba de tal modo, que algunas veces hubiera deseado no tener sombra, porque su sombra no le siguiese a todas partes.

Amaba la soledad porque en su seno, dando rienda suelta a la imaginación, forjaba un mundo fantástico, habitado por extrañas creaciones, hijas de sus delirios y sus ensueños de poeta, porque Manrique era poeta; tanto, que nunca le habían satisfecho las formas en que pudiera encerrar sus pensamientos y nunca los había encerrado al escribirlos.

Creía que entre las rojas ascuas del hogar habitaban espíritus de fuego de mil colores, que corrían como insectos de oro a lo largo de los troncos encendidos, o danzaban en una luminosa ronda de chispas en la cúspide de las llamas, y se pasaba las horas muertas sentado en un escabel, junto a la alta chimenea gótica, inmóvil y con los ojos fijos en la lumbre.

Creía que en el fondo de las ondas del río, entre los musgos de la fuente y sobre los vapores del lago, vivían unas mujeres misteriosas, hadas, sílfides u ondinas, que exhalaban lamentos y suspiros o cantaban y se reían en el monótono rumor del agua, rumor que oía en silencio, intentando traducirlo.

En las nubes, en el aire, en el fondo de los bosques, en las grietas de las peñas imaginaba percibir formas o escuchar sonidos misteriosos, formas de seres sobrenaturales, palabras ininteligibles que no podía comprender.

¡Amar! Había nacido para soñar el amor, no para sentirlo. Amaba a todas las mujeres un instante: a ésta porque era rubia, a aquélla porque tenía los labios rojos, a la otra porque se cimbreaba, al andar, como un junco.

Algunas veces llegaba su delirio hasta el punto de quedarse una noche entera mirando a la luna, que flotaba en el cielo entre un vapor de plata, o a las estrellas, que temblaban a lo lejos como los cambiantes de las piedras preciosas. En aquellas largas noches de poético insomnio exclamaba:

—Si es verdad, como el prior de la Peña me ha dicho, que es posible que esos puntos de luz sean mundos; si es verdad que en ese globo de nácar que rueda sobre las nubes habitan gentes, ¡qué mujeres tan hermosas serán las mujeres de esas regiones luminosas! Y yo no podré verlas, y yo no podré amarlas... ¿Cómo será su hermosura?... ¿Cómo será su amor?...

Manrique no estaba aún lo bastante loco para que le siguiesen los muchachos, pero sí lo suficiente para hablar y gesticular a solas, que es por donde se empieza.

II

Sobre el Duero, que pasaba lamiendo las carcomidas y oscuras piedras de las murallas de Soria, hay un puente que conduce de la ciudad al antiguo convento de los Templarios, cuyas posesiones se extendían a lo largo de la opuesta margen del río.

En la época a que nos referimos, los caballeros de la orden habían ya abandonado sus históricas fortalezas; pero aún quedaban en pie los restos de los anchos torreones de sus muros; aún se veían, como en parte se ven hoy, cubiertos de hiedras y campanillas blancas, los macizos arcos de su claustro, las prolongadas galerías ojivales de sus patios de armas, en las que suspiraba el viento con un gemido, agitando las altas yerbas.

En los huertos y en los jardines, cuyos senderos no hollaban hacía muchos años las plantas de los religiosos, la vegetación, abandonada de sí misma, desplegaba todas sus galas, sin temor de que la mano del hombre la mutilase, creyendo embellecerla.

Las plantas trepadoras subían encaramándose por los añosos troncos de los árboles; las sombrías calles de álamos, cuyas copas se tocaban y se confundían entre sí, se habían cubierto de céspedes; los cardos silvestres y las ortigas brotaban en medio de los enarenados caminos, y en los trozos de fábrica próximos a desplomarse, el jaramago, flotando al viento como el penacho de una cimera, y las campanillas blancas y azules, balanceándose como en un columpio sobre sus largos y flexibles tallos, pregonaban la victoria de destrucción y la ruina.

Era de noche; una noche de verano, templada, llena de perfumes y de rumores apacibles, y con una luna blanca y serena en mitad de un cielo azul, luminoso.

Manrique, presa su imaginación de un vértigo de poesía, después de atravesar el puente, desde donde contempló un momento la negra silueta de la ciudad que se destacaba sobre el fondo de algunas nubes blanquecinas y ligeras arrolladas en el horizonte, se internó en las desiertas ruinas de los Templarios.

La medianoche tocaba a su punto. La luna, que se había ido remontando lentamente, estaba ya en lo más alto del cielo, cuando al entrar en una oscura alameda que conducía desde el derruido claustro a la margen del Duero, Manrique exhaló un grito, un grito leve, ahogado, mezcla extraña de sorpresa, de temor y de júbilo.

En el fondo de la sombría alameda había visto agitarse una cosa blanca que flotó un momento y desapareció en la oscuridad. La orla del traje de una mujer, de una mujer que había cruzado el sendero y se ocultaba entre el follaje, en el mismo instante en que el loco soñador de quimeras e imposibles penetraba en los jardines.

—¡Una mujer desconocida!... ¡En este sitio!... ¡A estas horas! Ésa, ésa es la mujer que yo busco —exclamó Manrique; y se lanzó en su seguimiento, rápido como una saeta.

III

Llegó al punto en que había visto perderse, entre la espesura de las ramas, a la mujer misteriosa. Había desaparecido. ¿Por dónde? Allá lejos, muy lejos, creyó divisar por entre los cruzados troncos de los árboles como una claridad o una forma blanca que se movía.

—¡Es ella, es ella, que lleva alas en los pies y huye como una sombra! —dijo, y se precipitó en su busca separando con las manos las redes de yedra que se extendían como un tapiz de unos en otros álamos. Llegó, rompiendo por entre la maleza y las plantas parásitas, hasta una especie de rellano que iluminaba la claridad del cielo... ¡Nadie!—. ¡Ah!... por aquí, por aquí va —exclamó entonces—. Oigo sus pisadas sobre las hojas secas, y el crujido de su traje, que arrastra por el suelo y roza en los arbustos —y corría y corría como un loco, de aquí para allá, y no la veía—.

Pero siguen sonando sus pisadas —murmuró otra vez—; creo que ha hablado; no hay duda, ha hablado... El viento, que suspira entre las ramas; las hojas, que parece que rezan en voz baja, me han impedido oír lo que ha dicho; pero no hay duda: va por ahí, ha hablado..., ha hablado... ¿En qué idioma? No sé; pero es una lengua extranjera...

Y tornó a correr en su seguimiento. Afán inútil. Unas veces creyendo verla, otras pensando oírla; ya notando que las ramas por entre las cuales había desaparecido se movían, aún ahora imaginando distinguir en la arena la huella de sus breves pies; luego, firmemente persuadido de que un perfume especial, que aspiraba a intervalos, era un aroma perteneciente a aquella mujer, que se burlaba de él complaciéndose en huirle por entre aquellas intrincadas malezas.

Vagó algunas horas de un lado a otro, fuera de sí, ya parándose para escuchar, ya deslizándose con las mayores precauciones sobre la hierba, ya en una carrera frenética y desesperada.

Avanzando, avanzando por entre los inmensos jardines que bordeaban la margen del río, llegó al fin al pie de las rocas sobre las que se eleva la ermita de San Saturio.

—Tal vez, desde esta altura podré orientarme para seguir mis pesquisas a través de ese confuso laberinto —exclamó, trepando de peña en peña con la ayuda de su daga.

Llegó a la cima; desde ella se descubre la ciudad en lontananza y una gran parte del Duero, que se retuerce a sus pies, arrastrando una corriente impetuosa y oscura por entre las corvas márgenes que lo encarcelan.

Manrique, una vez en el alto de las rocas, tendió la vista a su alrededor, pero al tenderla y fijarla al cabo en un punto, no pudo contener una blasfemia.

La luz de la luna rielaba chispeando en la estela que dejaba en pos de sí una barca que se dirigía a todo remo a la orilla opuesta.

En aquella barca había creído distinguir una forma blanca y esbelta, una mujer sin duda, la mujer que había visto en los Templarios, la mujer de sus sueños, la realización de sus más locas esperanzas. Se descolgó de las peñas con la agilidad de un gamo, arrojó al suelo la gorra, cuya redonda y larga pluma podía embarazarle para correr, y, desnudándose del ancho capotillo de terciopelo, partió como una exhalación hacia el puente.

Pensaba atravesarlo y llegar a la ciudad antes que la barca tocase en la orilla. ¡Locura! Cuando Manrique llegó, jadeante y cubierto de sudor, a la entrada, ya los que habían atravesado el Duero por la parte de San Saturio entraban en Soria por una de las puertas del muro, que en aquel tiempo llegaba hasta la margen del río, en cuyas aguas se retrataban sus pardas almenas.

IV

Aunque desvanecida su esperanza de alcanzar a los que habían entrado por el postigo de San Saturio, no por eso nuestro héroe perdió las de saber la casa que en la ciudad podía albergarlos. Fija en su mente esta idea, penetró en la población y, dirigiéndose hacia el barrio de San Juan, comenzó a vagar por sus calles a la ventura.

Las calles de Soria eran entonces, y lo son todavía, estrechas, oscuras y tortuosas. Un silencio profundo reina en ellas, silencio que sólo interrumpían, ora el lejano ladrido de un perro, ora el rumor de una puerta al cerrarse, ora el relincho de un corcel que piafando hacía sonar la cadena que lo sujetaba al pesebre en las subterráneas caballerizas.

Manrique, con el oído atento a estos rumores de la noche, que unas veces le parecían los pasos de alguna persona que había doblado ya la última esquina de un callejón desierto; otras, voces confusas de gentes que hablaban a sus espaldas y que a cada momento esperaba ver a su lado, anduvo algunas horas corriendo al azar de un sitio a otro.

Por último, se detuvo al pie de un caserón de piedra, oscuro y antiquísimo, y al detenerse brillaron sus ojos con una indescriptible expresión de alegría. En una de las altas ventanas ojivales de aquel que pudiéramos llamar palacio se veía un rayo de luz templada y suave, que pasando a través de unas ligeras colgaduras de seda color de rosa, se reflejaba en el negruzco y grieteado paredón de la casa de enfrente.

—No cabe duda; aquí vive mi desconocida —murmuró el joven en voz baja y sin apartar un punto sus ojos de la ventana gótica—, aquí vive... Ella entró por el postigo de San Saturio... Por el postigo de San Saturio se viene a este barrio... En este barrio hay una casa donde, pasada la medianoche, aún hay gente en vela... En vela. ¿Quién sino ella, que vuelve de sus nocturnas excursiones, puede estarlo a estas horas?... No hay más; ésta es su casa.

En esta firme persuasión, y resolviendo en su cabeza las más locas y fantásticas imaginaciones, esperó el alba frente a la ventana gótica, de la que en toda la noche no faltó la luz ni él separó la vista un momento.

Cuando llegó el día, las macizas puertas del arco que daba entrada al caserón, y sobre cuya clave; se veían esculpidos los blasones de su dueño, giraron pesadamente sobre los goznes, con un chirrido prolongado y agudo. Un escudero apareció en el dintel con un manojo de llaves en la mano, estregándose los ojos y enseñando al bostezar una caja de dientes capaces de dar envidia a un cocodrilo.

Verlo Manrique y lanzarse a la puerta, todo fue obra de un instante.

—¿Quién habita en esta casa? ¿Cómo se llama ella? ¿De dónde es? ¿A qué ha venido a Soria? ¿Tiene esposo? Responde, responde, animal —ésta fue la salutación que, sacudiéndole el brazo violentamente, dirigió al pobre escudero, el cual, después de mirarle un buen espacio de tiempo con ojos espantados y estúpidos, le contestó con voz entrecortada por la sorpresa:

—En esta casa vive el muy honrado señor don Alonso de Valdecuellos, montero mayor de nuestro señor el rey, que, herido en la guerra contra moros, se encuentra en esta ciudad reponiéndose de sus fatigas.

—Pero ¿y su hija? —interrumpió el joven, impaciente—. ¿Y su hija, o su hermana, o su esposa, o lo que sea?

—No tiene ninguna mujer consigo.

—¡No tiene ninguna!... Pues ¿quién duerme allí en aquel aposento, donde toda la noche he visto arder una luz?

—¿Allí? Allí duerme mi señor don Alonso que, como se halla enfermo, mantiene encendida su lámpara hasta que amanece.

Un rayo cayendo de improviso a sus pies no le hubiera causado más asombro que el que le causaron estas palabras.

V

—Yo la he de encontrar, la he de encontrar, y si la encuentro, estoy casi seguro de que he de conocerla... ¿En qué? Eso es lo que no podré decir..., pero he de conocerla. El eco de su pisada o una sola palabra suya que vuelva a oír, un extremo de su traje, un solo extremo que vuelva a ver, me bastarán para conseguirlo. Noche y día estoy mirando flotar delante de mis ojos aquellos pliegues de una tela diáfana y blanquísima; noche y día me están sonando aquí dentro, dentro de la cabeza, el crujido de su traje, el confuso rumor de sus ininteligibles palabras. ¿Qué dijo?... ¿Qué dijo?... ¡Ah!, si yo pudiera saber lo que dijo, acaso...; pero aun sin saberlo, la encontraré...; la encontraré; me lo da el corazón, y mi corazón no me engaña nunca. Verdad es que ya he recorrido inútilmente todas las calles de Soria; que he pasado noches y noches al sereno, hecho poste de una esquina; que he gastado más de veinte doblas de oro en hacer charlas a dueñas y escuderos; que he dado agua bendita en San Nicolás a una vieja, arrebujada con tal arte en su manto de anascote, que se me figuró una deidad; y al salir de la Colegiata, una noche de maitines, he seguido como un tonto la litera del Arcediano, creyendo que el extremo de sus hopalandas era el del traje de mi desconocida; pero no importa...; yo la he de encontrar, y la gloria de poseerla excederá seguramente al trabajo de buscarla.

»¿Cómo serán sus ojos?... Deben ser azules, azules y húmedos como el cielo de la noche; me gustan tanto los ojos de ese color, son tan expresivos, tan melancólicos, tan... Sí..., no hay duda: azules deben ser, azules son seguramente y sus cabellos, negros, muy negros y largos para que floten... Me parece que los vi flotar aquella noche, al par que su traje, y eran negros...; no me engaño, no; eran negros.

»¡Y qué bien hacen unos ojos azules muy rasgados y adormidos, y una cabellera suelta, flotante y oscura, a una mujer alta..., porque... ella es alta, alta y esbelta como esos ángeles de las portadas de nuestras basílicas, cuyos ovalados rostros envuelven en un misterioso crepúsculo las sombras de sus doseles de granito!

»¡Su voz!... Su voz la he oído...; su voz es suave como el rumor del viento en las hojas de los álamos, y su andar acompasado y majestuoso como las cadencias de una música.

»Y esa mujer, que es hermosa como el más hermoso de mis sueños de adolescente, que piensa como yo pienso, que gusta de lo que gusto, que odia lo que yo odio, que es un espíritu hermano de mi espíritu, que es el complemento de mi ser, ¿no se ha de sentir conmovida al encontrarme? ¿No me ha de amar como yo la amaré, como la amo ya con todas las fuerzas de mi vida, con todas las facultades de mi alma?

»Vamos, vamos al sitio donde la vi la primera y única vez que la he visto... Quien sabe si, caprichosa como yo, amiga de la soledad y el misterio, como todas las almas soñadoras, se complace en vagar por entre las ruinas en el silencio de la noche.

*

Dos meses habían transcurrido desde que el escudero de don Alonso de Valdecuellos desengañó al iluso Manrique; dos meses durante los cuales en cada hora había formado un castillo en el aire, que la realidad desvanecía con un soplo; dos meses durante los cuales había buscado en vano a aquella mujer desconocida, cuyo absurdo amor iba creciendo en su alma, merced a sus más absurdas imaginaciones, cuando, después de atravesar, absorto en estas ideas, el puente que conduce a los Templarios, el enamorado joven se perdió entre las intrincadas sendas de sus jardines.

VI

La noche estaba serena y hermosa; la luna brillaba en toda su plenitud en lo más alto del cielo, y el viento suspiraba con un rumor dulcísimo entre las hojas de los árboles.

Manrique llegó al claustro, tendió la vista por su recinto y miró a través de las macizas columnas de sus arcadas... Estaba desierto.

Salió de él, encaminó sus pasos hacia la oscura alameda que conduce al Duero, y aún no había penetrado en ella, cuando de sus labios se escapó un grito de júbilo.

Había visto flotar un instante y desaparecer el extremo del traje blanco, del traje blanco de la mujer de sus sueños, de la mujer que ya amaba como un loco.

Corre, corre en su busca; llega al sitio en que la ha visto desaparecer; pero al llegar se detiene, fija los espantados ojos en el suelo, permanece un rato inmóvil; un ligero temblor nervioso agita sus miembros, un temblor que va creciendo, que va creciendo, y ofrece los síntomas de una verdadera convulsión, y prorrumpe, al fin, en una carcajada, en una carcajada sonora, estridente, horrible.

Aquella cosa blanca, ligera, flotante, había vuelto a brillar ante sus ojos; pero había brillado a sus pies un instante, no más que un instante.

Era un rayo de luna, un rayo de luna que penetraba a intervalos por entre la verde bóveda de los árboles cuando el viento movía las ramas.

*

Habían pasado algunos años. Manrique, sentado en un sitial, junto a la alta chimenea gótica de su castillo, inmóvil casi, y con una mirada vaga e inquieta como la de un idiota, apenas prestaba atención ni a las caricias de su madre ni los consuelos de sus servidores.

—¿Tú eres joven, tú eres hermoso —le decía aquélla—. ¿Por qué te consumes en la soledad? ¿Por qué no buscas a una mujer a quien ames, y que amándote pueda hacerte feliz?

—¡El amor!... El amor es un rayo de luna —murmuraba el joven.

—¿Por qué no despertáis de ese letargo? —le decía uno de sus escuderos—. Os vestís de hierro de pies a cabeza; mandáis desplegar al aire vuestro pendón de rico hombre, y marchamos a la guerra. En la guerra se encuentra la gloria.

—¡La gloria!... La gloria es un rayo de luna.

—¿Queréis que os diga una cántiga, la última que ha compuesto mosén Arnaldo, el trovador provenzal?

—¡No! ¡No! —exclamó por último el joven, incorporándose colérico en su sitial—. No quiero nada...; es decir, sí quiero: quiero que me dejéis solo... Cántigas..., mujeres..., glorias..., felicidad..., mentiras todo, fantasmas vanos que formamos en nuestra imaginación y vestimos a nuestro antojo, y los amamos y corremos tras ellos, ¿para qué?, ¿para qué? Para encontrar un rayo de luna.

Manrique estaba loco; por lo menos, todo el mundo lo creía así. A mí, por el contrario, se me figura que lo que había hecho era recuperar el juicio.

Creed en Dios

(Cántiga Provenzal)

Yo fui el verdadero Teobaldo de Montagut, barón de Fortcastell. Noble o villano, señor o pechero, tú, cualquiera que seas, que te detienes un instante al borde de mi sepultura, cree en Dios como yo he creído y ruégale por mí.

I

Nobles aventureros que, puesta la lanza en la cuja, caída la visera del casco y jinetes sobre un corcel poderoso, recorréis la tierra sin más patrimonio que vuestro nombre clarísimo y vuestra montante, buscando honra y prez en la profesión de las armas; si al atravesar el quebrado valle de Montagut os ha sorprendido en él la tormenta y la noche y habéis encontrado un refugio en las ruinas del monasterio que aún se ve en su fondo, oídme.

II

Pastores que seguís con lento paso vuestras blancas ovejas, que pacen derramadas por las colinas y las llanuras; si al conducirlas al borde del transparente riachuelo que corre, forcejea y salta por entre los peñascos del valle de Montagut, en el rigor del verano y en una siesta de fuego, habéis encontrado la sombra y el reposo al pie de las derruidas arcadas del monasterio, cuyos musgosos pilares besan las ondas, oídme.

III

Niñas de las cercanas aldeas, lirios silvestres que crecéis felices al abrigo de vuestra humildad: si en la mañana del santo patrono de estos lugares, al bajar al valle de Montagut a coger tréboles y margaritas con que embellecer su retablo, venciendo el temor que os inspira el sombrío monasterio que se alza entre sus peñas, habéis penetrado en su claustro mudo y desierto para vagar entre sus abandonadas tumbas, a cuyos bordes crecen las margaritas más nobles y los jacintos más azules, oídme.

IV

Tú, noble caballero, tal vez al resplandor de un relámpago; tú, pastor errante, calcinado por los rayos del sol; tú, en fin, hermosa niña, cubierta aún con gotas de rocío, semejantes a lágrimas: todos habréis visto en aquel santo lugar una tumba, una tumba humilde. Antes la componían una piedra tosca y una cruz de palo; la cruz ha desaparecido y sólo queda la piedra. En esa tumba, cuya inscripción es el mote de mi canto, reposa en paz el último barón de Fortcastell, Teobaldo de Montagut, del cual voy a referiros la peregrina historia.

*

I

Cuando la noble condesa de Montagut estaba encinta de su primogénito, Teobaldo, tuvo un ensueño misterioso y terrible. Acaso un aviso de Dios; tal vez una vana fantasía que el tiempo realizó más adelante. Soñó que en su seno engendraba una serpiente, una serpiente monstruosa que arrojaba agudos silbos, y ora arrastrándose entre la menuda hierba, ora replegándose sobre sí misma para saltar, huyó de su vista, escondiéndose, al fin, entre unas zarzas.

—¡Allí está, allí está! —gritaba la condesa en su horrible pesadilla, señalando a sus servidores la zarza en que se había escondido el asqueroso reptil.

Cuando sus servidores llegaron presurosos al punto que la noble dama, inmóvil y presa de un profundo terror, les señalaba aún con el dedo, una blanca paloma se levantó de entre las breñas y se remontó a las nubes.

La serpiente había desaparecido.

II

Teobaldo vino al mundo. Su madre murió al darlo a luz; su padre pereció algunos años después en una emboscada, peleando como bueno contra los enemigos de Dios.

Desde este punto, la juventud del primogénito de Fortcastell sólo puede compararse a un huracán. Por donde pasaba se veía señalando su camino un rastro de lágrimas y de sangre. Ahorcaba a sus pecheros, se batía con sus iguales, perseguía a las doncellas, daba de palos a los monjes, y en sus blasfemias y juramentos, ni dejaba santo en paz ni cosa sagrada de que no maldijese.

III

Un día que salió de caza y que, como era su costumbre, hizo entrar a guarecerse de la lluvia a toda su endiablada comitiva de pajes licenciosos, arqueros desalmados y siervos envilecidos, con perros, caballos y gerifaltes, en la iglesia de una aldea de sus dominios, un venerable sacerdote, arrostrando su cólera y sin temer los violentos arranques de carácter impetuoso, le conjuró, en nombre del cielo y llevando una hostia consagrada en sus manos, a que abandonase aquel lugar y fuese a pie y con un bordón de romero a pedir al Papa la absolución de sus culpas.

—¡Déjame en paz, viejo loco! —exclamó Teobaldo al oírlo—, déjame en paz, o ya que no he encontrado una sola pieza durante el día, te suelto mis perros y te cazo como a un jabalí para distraerme.

IV

Teobaldo era hombre de hacer lo que decía. El sacerdote, sin embargo, se limitó a contestarle:

—Haz lo que quieras; pero ten presente que hay un Dios que castiga y perdona, y que si muero a tus manos borrará mis culpas del libro de su indignación para escribir tu nombre y hacerte expiar tu crimen.

—¡Un Dios que castiga y perdona! —prorrumpió el sacrílego barón con una carcajada—. Yo no creo en Dios, y para darte una prueba, voy a cumplirte lo que te he prometido, porque aunque poco rezador, soy amigo de no faltar a mis palabras. ¡Raimundo! ¡Gerardo! ¡Pedro! Azuzad la jauría, dadme el venablo, tocad el *alalí* en vuestras trompas, que vamos a darle caza a este imbécil, aunque se suba a los retablos de sus altares.

V

Ya, después de dudar un instante y a una nueva orden de su señor, comenzaban los pajes a desatar los lebreles, que aturdían la iglesia con sus ladridos; ya el barón había armado su ballesta, riendo con una risa de Satanás; y el venerable sacerdote, murmurando una plegaria, elevaba sus ojos al cielo y esperaba tranquilo la muerte, cuando se oyó fuera del sagrado recinto una vocería terrible, bramidos de trompas que hacían señales de ojeo y gritos de: «¡Al jabalí! ¡Al jabalí! ¡Por las breñas! ¡Hacia el monte!». Teobaldo, al anuncio de la deseada res, corrió a las puertas del santuario, ebrio de alegría; tras él fueron sus servidores, y con sus servidores, los caballos y los lebreles.

VI

—¿Por dónde va el jabalí? —preguntó el barón, subiendo a su corcel sin apoyarse en el estribo ni desarmar la ballesta.

—Por la cañada que se extiende al pie de esas colinas —le respondieron.

Sin escuchar la última palabra, el impetuoso cazador hundió su acicate de oro en el ijar del caballo, que partió al escape. Tras él partieron todos.

Los habitantes de la aldea, que fueron los primeros en dar la voz de alarma, y que al aproximarse el terrible animal se habían guarecido en sus chozas, asomaron tímidamente la cabeza a los quicios de las ventanas, y cuando vieron desaparecer la infernal comitiva por entre el follaje de la espesura se santiguaron en silencio.

VII

Teobaldo iba delante de todos. Su corcel, más ligero o más castigado que los de sus servidores, seguía tan de cerca a la res, que dos o tres veces, dejándole la brida sobre el cuello al fogoso bruto, se había empinado sobre los estribos y echádose al hombro la ballesta para herirlo. Pero el jabalí, al que sólo divisaba a intervalos entre los espesos matorrales, tornaba a desaparecer de su vista para mostrársele de nuevo fuera del alcance de su arma.

Así corrió muchas horas, atravesó las cañadas del valle, el pedregoso lecho del río, e internándose en un bosque inmenso, se perdió entre sus sombrías revueltas, siempre fijos los ojos en la codiciada res, siempre creyendo alcanzarla, siempre viéndose burlado por su agilidad maravillosa.

VIII

Por último, pudo encontrar una ocasión propicia; tendió el brazo y voló la saeta, que fue a clavarse temblando en el lomo del terrible animal, que dio un salto y un espantoso bufido.

—¡Muerto está! —exclama con un grito de alegría el cazador, volviendo a hundir por la centésima vez el acicate en el sangriento ijar de su caballo—. ¡Muerto está! En balde huye. El rastro de la sangre que arroja marca su camino —y esto diciendo, comenzó a hacer en la bocina la señal del triunfo para que la oyesen sus servidores.

En aquel instante, el corcel se detuvo, flaquearon sus piernas, un ligero temblor agitó sus contraídos músculos y cayó al suelo desplomado, arrojando por la hinchada nariz, cubierta de espuma, un caño de sangre.

Había muerto de fatiga, había muerto cuando la carrera del herido jabalí comenzaba a acortarse, cuando bastaba un solo esfuerzo más para alcanzarlo.

IX

Pintar la ira del colérico Teobaldo sería imposible. Repetir sus maldiciones y sus blasfemias, sólo repetirlas, fuera escandaloso e impío. Llamó a grandes voces a sus servidores, y únicamente le contestó el eco en aquellas inmensas soledades, y se arrancó los cabellos y se mesó las barbas, presa de la más espantosa desesperación.

—Lo seguiré a la carrera, aun cuando haya de reventarme —exclamó, al fin, armando de nuevo su ballesta y disponiéndose a seguir a la res; pero en aquel momento sintió ruido a sus espaldas, se entreabrieron las ramas de la espesura y se presentó a sus ojos un paje que traía del diestro un corcel negro como la noche.

—El cielo me lo envía —dijo el cazador lanzándose sobre sus lomos, ágil como un gamo.

El paje, que era delgado, muy delgado, y amarillo como la muerte, se sonrió de una manera extraña al presentarle la brida.

X

El caballo relinchó con una fuerza que hizo estremecer el bosque; dio un bote increíble, un bote que se levantó más de diez varas del suelo, y el aire comenzó a zumbar en los oídos del jinete como zumba una piedra arrojada por la honda. Había partido al escape; pero a un escape tan rápido que, temeroso de perder los estribos y caer a tierra turbado por el vértigo, tuvo que cerrar los ojos y agarrarse con ambas manos a sus flotantes crines.

Y sin agitar sus riendas, sin herirle con el acicate ni animarlo con la voz, el corcel corría, corría sin detenerse. ¿Cuánto tiempo corrió Teobaldo con él sin saber por dónde, sintiendo que las ramas le abofeteaban el rostro al pasar, y los zarzales desgarraban sus vestidos, y el viento silbaba a su alrededor? Nadie lo sabe.

XI

Cuando, recobrado el ánimo, abrió los ojos un instante para arrojar en torno suyo una mirada inquieta, se encontró lejos, muy lejos de Montagut y en unos lugares para él completamente extraños. El corcel corría, corría sin detenerse, y árboles, rocas, castillos y aldeas pasaban a su lado como una exhalación. Nuevos y nuevos horizontes se abrían ante su vista; horizontes que se borraban para dejar lugar a otros más y más desconocidos. Valles angostos, erizados de colosales fragmentos de granitos que las tempestades habían arrancado de la cumbre de las montañas; alegres campiñas cubiertas de un tapiz de verdura y sembradas de blancos caseríos; desiertos sin límites, donde hervían las arenas calcinadas por los rayos de un sol de fuego; vastas soledades, llanuras inmensas, regiones de eternas nieves, donde los gigantescos témpanos asemejaban, destacándose sobre un cielo gris y oscuro, blancos fantasmas que extendían sus brazos para asirle por los cabellos al pasar: todo esto, y mil y mil otras cosas que yo no podré deciros, vio en su fantástica carrera, y hasta tanto que, envuelto en una niebla oscura, dejó de percibir el ruido que producían los cascos del caballo al herir la tierra.

*

I

Nobles caballeros, sencillos pastores, hermosas niñas que escucháis mi relato: si os maravilla lo que os cuento, no creáis que es una fábula tejida a mi antojo para sorprender vuestra credulidad. De boca en boca ha llegado hasta mí esta tradición, y la leyenda del sepulcro, que aún subsiste en el monasterio de Montagut, es un testimonio irrecusable de la veracidad de mis palabras.

Creed, pues, lo que he dicho, y creed lo que aún me resta por decir, que es tan cierto como lo anterior, aunque más maravilloso. Yo podré acaso adornar con algunas galas de la poesía el desnudo esqueleto de esta sencilla y terrible historia; pero nunca me apartaré un punto de la verdad a sabiendas.

II

Cuando Teobaldo dejó de percibir las pisadas de su corcel y se sintió lanzado en el vacío, no pudo reprimir un involuntario estremecimiento de terror. Hasta entonces había creído que los objetos que se representaban a sus ojos eran fantasmas de su imaginación, turbada por el vértigo, y que su corcel corría desbocado, es verdad; pero corría sin salir del término de su señorío. Ya no le quedaba duda de que era el juguete de un poder sobrenatural que le arrastraba, sin que supiese adónde, a través de aquellas nieblas oscuras, de aquellas nubes de formas caprichosas y fantásticas, en cuyo seno, que se iluminaba a veces con el resplandor de un relámpago, creía distinguir las hirvientes centellas, próximas a desprenderse.

El corcel corría o, mejor dicho, nadaba en aquel océano de vapores caliginosos y encendidos, y las maravillas del cielo comenzaron a desplegarse, unas tras otras, ante los espantados ojos de su jinete.

III

Cabalgando sobre las nubes, vestidos de luengas túnicas con orlas de fuego, suelta al huracán la encendida cabellera y blandiendo sus espadas, que relampagueaban arrojando chispas de cárdena luz, vio a los ángeles, ministros de la cólera del Señor, cruzar como un formidable ejército sobre las alas de la tempestad.

Y subió más alto y creyó divisar a lo lejos las tormentosas nubes, semejantes a un mar de lava, y oyó mugir el trueno a sus pies como muge el Océano azotando la roca desde cuya cima le contempla el atónito peregrino.

IV

Y vio al arcángel, blanco como la nieve, que, sentado sobre un inmenso globo de cristal, lo dirige por el espacio en las noches serenas como un bajel de plata sobre la superficie de un lago azul.

Y vio el sol volteando encendido sobre sus ejes de oro en una atmósfera de colores y de fuego, y en su foco a los ígneos espíritus que habitan incólumes entre las llamas y desde su ardiente seno, entonan al Creador himnos de alegría.

Vio los hilos de luz imperceptibles que atan los hombres a las estrellas y vio el arco iris, echado como un puente colosal sobre el abismo que separa al primer cielo del segundo.

V

Por una escala misteriosa vio bajar las almas a la tierra; vio bajar muchas y subir pocas. Cada una de aquellas almas inocentes iba acompañada de un arcángel purísimo, que la cubría con la sombra de sus alas. Los que tornaban solos, tornaban en silencio y con lágrimas en los ojos; los que no, subían cantando como suben las alondras en las mañanas de abril.

Después, las nieblas rosadas y azules, que flotaban en el espacio como cortinas de gasa transparente, se rasgaron como el día de gloria se rasga en nuestros templos el velo de los altares, y el paraíso de los justos se ofreció a sus miradas deslumbrador y magnífico.

VI

Allí estaban los santos profetas que habréis visto groseramente esculpidos en las portadas de piedra de nuestras catedrales; allí las vírgenes luminosas, que intenta en vano copiar de sus sueños el pintor en los vidrios de colores de las ojivas; allí los querubines con sus largas y flotantes vestiduras y sus nimbos de oro, como los de las tablas de los altares; allí, en fin, coronada de estrellas, vestida de luz, rodeada de todas las jerarquías celestes, y hermosa sobre toda ponderación, Nuestra Señora de Montserrat, la Madre de Dios, la Reina de los arcángeles, el amparo de los pecadores y el consuelo de los afligidos.

VII

Más allá del paraíso de los justos; más allá del trono donde se asienta la Virgen María, el ánimo de Teobaldo se sobrecogió temeroso, y un hondo pavor se apoderó de su alma. La eterna soledad, el eterno silencio, viven en aquellas regiones que conducen al misterioso santuario del Señor. De cuando en cuando azotaba su frente una ráfaga de aire, frío como la hoja de un puñal, que crispaba sus cabellos de horror y penetraba hasta la médula de sus huesos, ráfagas semejantes a las que anunciaban a los profetas la aproximación del espíritu divino. Al fin llegó a un punto, donde creyó percibir un rumor sordo, que pudiera compararse al zumbido lejano de un enjambre de abejas cuando, en las tardes de otoño, revoloteaban en derredor de las últimas flores.

VIII

Atravesaba esa fantástica región adonde van todos los acentos de la Tierra, los sonidos que decimos que se desvanecen, las palabras que juzgamos que se pierden en el aire, los lamentos que creemos que nadie oye.

Aquí, en un círculo armónico, flotan las plegarias de los niños, las oraciones de las vírgenes, los salmos de los piadosos eremitas, las peticiones de los humildes, las castas palabras de los limpios de corazón, las resignadas quejas de los que padecen, los ayes de los que sufren y los himnos de los que esperan. Teobaldo oyó entre aquellas voces, que palpitaban aún en el éter luminoso, la voz de su santa madre, que pedía a Dios por él; pero no oyó la suya.

IX

Más allá hirieron sus oídos, con un estrépito discordante, mil y mil acentos ásperos y roncos, blasfemias, gritos de venganza, cantares de orgías, palabras lúbricas, maldiciones de la desesperación, amenazas de la impotencia y juramentos sacrílegos de la impiedad.

Teobaldo atravesó el segundo círculo con la rapidez que el meteoro cruza el cielo en una tarde de verano, por no oír su voz, que vibraba allí sonante y atronadora, sobreponiéndose a las otras voces en medio de aquel concierto infernal.

—¡No creo en Dios! ¡No creo en Dios! —decía aún su acento, agitándose en aquel océano de blasfemias; y Teobaldo comenzaba a creer.

X

Dejó atrás aquellas regiones y atravesó otras inmensidades llenas de visiones terribles, que ni él pudo comprender ni yo acierto a concebir, y llegó, al cabo, al último círculo de la espiral de los cielos, donde los serafines adoran al Señor, cubierto el rostro con las triples alas y prosternados a sus pies.

Él quiso mirarlo.

Un aliento de fuego abrasó su cara, un mar de luz oscureció sus ojos, un trueno gigante retumbó en sus oídos, y arrancado del corcel y lanzado al vacío como la piedra candente que arroja un volcán, se sintió bajar y bajar, sin caer nunca; ciego, abrasado y ensordecido, como caería el ángel rebelde cuando Dios derribó el pedestal de su orgullo con un soplo de sus labios.

*

I

La noche había cerrado y el viento gemía agitando las hojas de los árboles, por entre cuyas frondas se deslizaba un suave rayo de luna, cuando Teobaldo, incorporándose sobre el codo y estregándose los ojos como si despertara de un profundo sueño, tendió alrededor una mirada y se encontró en el mismo bosque donde hirió al jabalí, donde cayó muerto su corcel, donde le dieron aquella fantástica cabalgadura que le había arrastrado a unas regiones desconocidas y misteriosas.

Un silencio de muerte reinaba a su alrededor; un silencio que sólo interrumpía el lejano bramido de los ciervos, el temeroso murmullo de las hojas y el eco de una campana distante que de cuando en cuando traía el viento en sus ráfagas.

—Habré soñado —dijo el barón, y emprendió su camino a través del bosque, y salió, al fin, a la llanura.

II

En lontananza, y sobre las rocas de Montagut, vio destacarse la negra silueta de su castillo sobre el fondo azulado y transparente del cielo de la noche.

—Mi castillo está lejos y estoy cansado —murmuró—; esperaré el día en un lugar cercano —y se dirigió al lugar. Llamó a una puerta.

—Quién sois? —le preguntaron.

—El barón de Fortcastell —respondió, y se le rieron en sus barbas. Llamó a otra.

—Quién sois y qué queréis? —tornaron a preguntarle.

—Vuestro señor —insistió el caballero, sorprendido de que no le conociesen—; Teobaldo de Montagut.

—¡Teobaldo de Montagut! —dijo colérica su interlocutora, que lo era una vieja—. ¡Teobaldo de Montagut, el del cuento! ¡Bah!... Seguid vuestro camino y no vengáis a sacar de su sueño a las gentes honradas para decirles chanzonetas insulsas.

III

Teobaldo, lleno de asombro, abandonó la aldea y se dirigió al castillo, a cuyas puertas llegó cuando apenas clareaba el día. El foso estaba cegado con los sillares de las derruidas almenas; el puente levadizo, inútil ya, se pudría colgado aún de sus fuertes tirantes de hierro, cubiertos de orín por la acción de los años; en la torre del homenaje tañía lentamente una campana; frente al arco principal de la fortaleza, y sobre un pedestal de granito, se elevaba una cruz; en los muros no se veía un solo soldado, y confuso y sordo, parecía que de su seno se elevaba como un murmullo lejano, un himno religioso, grave, solemne y magnífico.

—¡Y éste es mi castillo, no hay duda! —decía Teobaldo, paseando su inquieta mirada de un punto a otro, sin acertar a comprender lo que le pasaba. ¡Aquél es mi escudo grabado aún sobre la clave del arco! ¡Ése es el valle de Montagut! ¡Estas tierras que domina el señorío de Fortcastell!...

En aquel instante, las pesadas hojas de la puerta giraron sobre los goznes y apareció en su dintel un religioso.

IV

—¿Quién sois y qué hacéis aquí? —le preguntó Teobaldo al monje.

—Yo soy —le contestó éste— un humilde servidor de Dios, religioso del monasterio de Montagut.

—Pero... —interrumpió el barón— Montagut ¿no es un señorío?

—Lo fue... —prosiguió el monje— hace mucho tiempo... a su último señor, según cuentan, se lo llevó el diablo, y como no tenía a nadie que lo sucediese en el feudo, los condes soberanos hicieron donación de estas tierras a los religiosos de nuestra regla, que están aquí desde hará cosa de ciento a ciento veinte años. Y vos, quién sois?

—Yo... —balbuceó el señor de Fortcastell, después de un largo rato de silencio—, yo soy... un miserable pecador que, arrepentido de sus faltas, viene a confesarlas a vuestro abad y a pedirle que lo admita en el seno de su religión.

El Miserere

(Leyenda Religiosa)

Hace algunos meses que, visitando la célebre abadía de Fitero y ocupándome en revolver algunos volúmenes en su abandonada biblioteca, descubrí en uno de sus rincones dos o tres cuadernos de música bastante antiguos, cubiertos de polvo y hasta comenzados a roer por los ratones.

Era un *Miserere.*

Yo no sé la música; pero le tengo tanta afición que, aun sin entenderla, suelo coger a veces la partitura de una ópera y me paso las horas muertas hojeando sus páginas, mirando los grupos de notas más o menos apiñadas, las rayas, los semicírculos, los triángulos y las especies de etcéteras que llaman llaves, y todo esto sin comprender una jota ni sacar maldito el provecho.

Consecuente con mi manía, repasé los cuadernos, y lo primero que me llamó la atención fue que, aunque en la última página había esta palabra latina, tan vulgar en todas las obras, *finis,* la verdad era que el *Miserere* no estaba terminado, porque la música no alcanzaba sino hasta el décimo versículo.

Esto fue, sin duda, lo que me llamó la atención primeramente; pero luego que me fijé un poco en las hojas de música, me chocó más aún el observar que en vez de esas palabras italianas que ponen en todas, como *maestoso, allegro, retardando, più vivo, a piacere,* había unos renglones escritos con letra muy menuda y en alemán, de los cuales algunos servían para advertir cosas tan difíciles de hacer como esto: «Crujen... crujen los huesos, y de sus médulas ha de parecer que salen los alaridos», o esta otra: «La cuerda aúlla sin discordar, el metal atruena sin ensordecer; por eso suena todo y no se confunde nada, y todo es la humanidad que solloza y gime»; o la más original de todas, sin duda, recomendaba al pie del último versículo: «Las notas son huesos cubiertos de carne; lumbre inextinguible, los cielos y su armonía... ¡fuerza!..., fuerza y dulzura».

—¿Sabéis qué es esto? —pregunté a un viejecito que me acompañaba, al acabar de medio traducir estos renglones, que parecían frases escritas por un loco.

El anciano me contó entonces la leyenda que voy a referiros.

I

Hace ya muchos años, en una noche lluviosa y oscura, llegó a la puerta claustral de esta abadía un romero y pidió un poco de lumbre para secar sus ropas, un pedazo de pan con que satisfacer su hambre y un albergue cualquiera donde esperar la mañana y proseguir con la luz del sol su camino.

Su modesta colación, su pobre lecho y su encendido hogar puso el hermano a quien se hizo esta demanda a la disposición del caminante, al cual, después que se hubo repuesto de su cansancio, interrogó acerca del objeto de su romería y del punto a que se encaminaba.

—Yo soy músico —respondió el interpelado—. He nacido muy lejos de aquí, y en mi patria gocé un día de gran renombre. En mi juventud hice de mi arte un arma poderosa de seducción y encendí con él pasiones que me arrastraron a un crimen. En mi vejez quiero convertir al bien las facultades que he empleado para el mal, redimiéndome por donde mismo pude condenarme.

Como las enigmáticas palabras del desconocido no pareciesen del todo claras al hermano lego, en quien ya comenzaba la curiosidad a despertarse, e instigado por ésta continuara en sus preguntas, su interlocutor prosiguió de este modo:

—Lloraba yo en el fondo de mi alma la culpa que había cometido; mas al intentar pedirle a Dios misericordia no encontraba palabras para expresar dignamente mi arrepentimiento, cuando un día se fijaron mis ojos por casualidad sobre un libro santo. Abrí aquel libro, y en una de sus páginas encontré un gigante grito de contrición verdadera, un salmo de David, el que comienza: *Miserere mei, Deus!* Desde el instante en que hube leído sus estrofas, mi único pensamiento fue hallar una forma musical tan magnífica, tan sublime, que bastase a contener el grandioso himno de dolor del Rey Profeta. Aún no la he encontrado; pero si logro expresar lo que siento en mi corazón, lo que oigo confusamente en mi cabeza, estoy seguro de hacer un *Miserere* tal y tan maravilloso, que no hayan oído otro semejante los nacidos; tal y tan desgarrador que al escuchar el primer acorde los arcángeles dirán conmigo, cubiertos los ojos de lágrimas y dirigiéndose al Señor: «¡Misericordia!», y el Señor la tendrá de su pobre criatura.

El romero, al llegar a este punto de su narración, calló por un instante, y después, exhalando un suspiro, tornó a coger el hilo de su discurso. El hermano lego, algunos dependientes de la abadía y dos o tres pastores de la granja de los frailes que formaban círculo alrededor del hogar, le escuchaban en un profundo silencio.

—Después —continuó— de recorrer toda Alemania, toda Italia y la mayor parte de este país clásico para la música religiosa, aún no he oído un *Miserere* en que pueda inspirarme, ni uno, ni uno, y he oído tantos, que puedo decir que los he oído todos.

—¿Todos? —dijo entonces, interrumpiéndole, uno de los rabadanes—. ¿A que no habéis oído aún el *Miserere de la Montaña?*

—*¡El Miserere de la Montaña!* —exclamó el músico con aire de extrañeza—. ¿Qué *Miserere* es ése?

—¿No dije? —murmuró el campesino, y luego prosiguió con una entonación misteriosa—: Ese *Miserere,* que sólo oyen por casualidad los que, como yo, andan día y noche tras el ganado por entre breñas y peñascales, es toda una historia, una historia muy antigua, pero tan verdadera como, al parecer, increíble.

»Es el caso que en lo más fragoso de esas cordilleras de montañas que limitan el horizonte del valle, en el fondo del cual se halla la abadía, hubo hace muchos años, ¡qué digo muchos años!, muchos siglos, un monasterio famoso, cuyo monasterio, a lo que parece, edificó a sus expensas un señor con los bienes que había de legarle a su hijo, al cual desheredó al morir en pena de sus maldades. Hasta aquí todo fue bueno; pero es el caso que este hijo, que por lo que se verá más adelante debió ser de la piel del diablo, si no era el mismo diablo en persona, sabedor de que sus bienes estaban en poder de los religiosos y de que su castillo se había transformado en iglesia, reunió a unos cuantos bandoleros, camaradas suyos en la vida de perdición que emprendiera al abandonar la casa de sus padres, y una noche de Jueves Santo, en que los monjes se hallaban en el coro, y en el punto y hora en que iban a comenzar o habían comenzado el *Miserere* pusieron fuego al monasterio, entraron a saco en la iglesia y a éste quiero, a aquél no, se dice que no dejaron fraile a vida. Después de esta atrocidad se marcharon los bandidos, y su instigador con ellos, a dónde no se sabe, a los profundos tal vez. Las llamas redujeron el monasterio a escombros; de la iglesia aún quedan en pie las ruinas sobre el cóncavo peñón de donde nace la cascada que, después de estrellarse de peñón en peñón, forma el riachuelo que viene a bañar los muros de esta abadía.

—Pero —interrumpió impaciente el músico— ¿y el *Miserere?*

—Aguardaos —continuó con gran sorna el rabadán—, que todo irá por partes.

Dicho lo cual, siguió así su historia:

—Las gentes de los contornos se escandalizaron del crimen: de padres a hijos y de hijos a nietos se refirió con horror en las largas noches de velada; pero lo que mantiene más viva su memoria es que todos los años, tal noche como en la que se consumó, se ven brillar luces a través de las rotas ventanas de la iglesia, y se oyen como una especie de música extraña y unos cantos lúgubres y aterradores que se perciben a intervalos en las ráfagas del aire. Son los monjes, los cuales, muertos tal vez sin hallarse preparados para presentarse en el tribunal de Dios limpios de toda culpa, vienen aún del purgatorio a impetrar su misericordia cantando el *Miserere.*

Los circunstantes se miraron unos a otros con muestras de incredulidad; sólo el romero, que parecía vivamente preocupado con la narración de la historia, preguntó con ansiedad al que la había referido:

—¿Y decís que ese portento se repite aún?

—Dentro de tres horas comenzará sin falta alguna, porque precisamente esta noche es la del Jueves Santo y acaban de dar las ocho en el reloj de la abadía.

—¿A qué distancia se encuentra el monasterio?

—A una legua y media escasa.

—Pero ¿qué hacéis? ¿Adónde vais con una noche como ésta? ¡Estáis dejado de la mano de Dios! —exclamaron todos, al ver que el romero, levantándose de su escaño y tomando el bordón, abandonaba el hogar para dirigirse a la puerta.

—Adónde voy? A oír esa maravillosa música, a oír el grande, el verdadero *Miserere*, el *Miserere* de los que vuelven al mundo después de muertos y saben lo que es morir en el pecado.

Y esto diciendo, desapareció de la vista del espantado lego y de los no menos atónitos pastores.

El viento zumbaba y hacía crujir las puertas, como si una mano poderosa pugnase por arrancarlas de sus quicios; la lluvia caía en turbiones, azotando los vidrios de las ventanas, y de cuando en cuando la luz de un relámpago iluminaba por un instante todo el horizonte que desde ellas se descubría.

Pasado el primer momento de estupor:

—¡Está loco! —exclamó el lego.

—¡Está loco! —repitieron los pastores, y atizaron de nuevo la lumbre y se agruparon alrededor del hogar.

II

Después de una o dos horas de camino, el misterioso personaje que calificaron de loco en la abadía, remontando la corriente del riachuelo que le indicó el rabadán de la historia, llegó al punto en que se levantaban, negras e imponentes, las ruinas del monasterio.

La lluvia había cesado; las nubes flotaban en oscuras bandas, por entre cuyos jirones se deslizaba a veces un furtivo rayo de luz pálida y dudosa; y el aire, al azotar los fuertes machones y extenderse por los desiertos claustros, diríase que exhalaba gemidos. Sin embargo, nada sobrenatural, nada extraño venía a herir la imaginación. Al que había dormido más de una noche sin otro amparo que las ruinas de una torre abandonada o un castillo solitario; al que había arrastrado en su larga peregrinación cien y cien tormentas, todos aquellos ruidos le eran familiares.

Las gotas de agua que se filtraban por entre las grietas de los rotos arcos y caían sobre las losas con un rumor acompasado, como el de la péndola de un reloj; los gritos del búho, que graznaba refugiado bajo el nimbo de piedra de una imagen de pie aún en el hueco de un muro; el ruido de los reptiles, que, despiertos de su letargo por la tempestad, sacaban sus disformes cabezas de los agujeros donde duermen o se arrastraban por entre los jaramagos y los zarzales que crecían al pie del altar, entre las junturas de las lápidas sepulcrales, que formaban el pavimento de la iglesia, todos esos extraños y misteriosos murmullos de campo, de la soledad y de la noche llegaban perceptibles al oído del romero, que, sentado sobre la mutilada estatua de una tumba, aguardaba ansioso la hora que debiera realizarse el prodigio.

Transcurrió tiempo y tiempo, y nada se percibió: aquellos mil confusos rumores seguían sonando y combinándose de mil maneras distintas, pero siempre los mismos.

«¡Si me habrá engañado!», pensó el músico, pero en aquel instante se oyó un ruido nuevo, un ruido inexplicable en aquel lugar, como el que produce un reloj algunos segundos antes de sonar la hora: ruido de ruedas que giran, de cuerdas que se dilatan, de maquinaria que se agita sordamente y se dispone a usar de su misteriosa vitalidad mecánica, y sonó una campanada..., dos..., tres..., hasta once.

En el derruido templo no había campana, ni reloj, ni torre ya siquiera.

Aún no había expirado, debilitándose de eco en eco, la última campanada; todavía se escuchaba su vibración temblando en el aire, cuando los doseles de granito que cobijaban las esculturas, las gradas de mármol de los altares, los sillares de las ojivas, los calados antepechos del coro, los festones de tréboles de las cornisas, los negros machones de los muros, el pavimento, las bóvedas, la iglesia entera comenzó a iluminarse espontáneamente, sin que se viese una antorcha, un cirio o una lámpara que derramase aquella insólita claridad.

Parecía como un esqueleto de cuyos huesos amarillos se desprende ese gas fosfórico que brilla y humea en la oscuridad con una luz azulada, inquieta y medrosa.

Todo pareció animarse, pero con ese movimiento galvánico que imprime a la muerte contracciones que parodian la vida, movimiento instantáneo, más horrible aún que la inercia del cadáver que agita con su desconocida fuerza. Las piedras se reunieron a las piedras; el ara, cuyos rotos fragmentos se veían antes esparcidos sin orden, se levantó intacta, como si acabase de dar en ella su último golpe de cincel el artífice, y a par del ara se levantaron las derribadas capillas, los rotos capiteles y las destrozadas e inmensas series de arcos que, cruzándose y enlazándose caprichosamente entre sí, formaron con sus columnas un laberinto de pórfido.

Una vez reedificado el templo, comenzó a oírse un acorde lejano que pudiera confundirse con el zumbido del aire, pero que era un conjunto de voces lejanas y graves que parecían salir del seno de la tierra e irse elevando poco a poco, haciéndose de cada vez más perceptible.

El osado peregrino comenzaba a tener miedo; pero con su miedo luchaba aún su fanatismo por todo lo desusado y maravilloso, y alentado por él dejó la tumba sobre que reposaba, se inclinó al borde del abismo por entre cuyas rocas saltaba el torrente, despeñándose con un trueno incesante y espantoso, y sus cabellos se erizaron de horror.

Mal envueltos en los jirones de sus hábitos, caladas las capuchas, bajo los pliegues de las cuales contrastaban con sus descarnadas mandíbulas y los blancos dientes las oscuras cavidades de los ojos de sus calaveras, vio los esqueletos de los monjes, que fueron arrojados desde el pretil de la iglesia a aquel precipicio, salir del fondo de las aguas y, agarrándose con los largos dedos de sus manos de hueso a las grietas de las peñas, trepar por ellas hasta tocar el borde, diciendo con voz baja y sepulcral, pero con una desgarradora expresión de dolor, el primer versículo del salmo de David:

—*Miserere mei, Deus, secundum magnam misericordiam tuam!*

Cuando los monjes llegaron al peristilo del templo, se ordenaron en dos hileras y, penetrando en él, fueron a arrodillarse en el coro, donde, con voz más levantada y solemne, prosiguieron entonando los versículos del salmo. La música sonaba al compás de sus voces: aquella música era el rumor distante del trueno, que, desvanecida la tempestad, se alejaba murmurando; era el zumbido del aire que gemía en la concavidad del monte; era el monótono ruido de la cascada que caía sobre las rocas, y la gota de agua que se filtraba, y el grito del búho escondido, y el roce de los reptiles inquietos. Todo esto era la música y algo más que no puede explicarse ni apenas concebirse; algo más que parecía como el eco de un órgano que acompañaba los versículos del gigante himno de contrición del rey salmista; con notas y acordes tan gigantes como sus palabras terribles.

Siguió la ceremonia; el músico, que la presenciaba absorto y aterrado, creía estar fuera del mundo real, vivir en esa región fantástica del sueño, en que todas las cosas se revisten de formas extrañas y fenomenales.

Un sacudimiento terrible vino a sacarle de aquel estupor que embargaba todas las facultades de su espíritu. Sus nervios saltaron al impulso de una conmoción fuertísima, sus dientes chocaron, agitándose con un temblor imposible de reprimir, y el frío penetró hasta en la médula de los huesos.

Los monjes pronunciaban en aquel instante estas espantosas palabras del *Miserere:*

—In iniquitatibus conceptus sum; et in peccatis concepit me mater mea.

Al resonar este versículo y dilatarse sus ecos retumbando de bóveda en bóveda, se levantó un alarido tremendo, que parecía un grito de dolor arrancado a la humanidad entera por la conciencia de sus maldades; un grito horroroso, formado de todos los lamentos del infortunio, de todos los aullidos de la desesperación, de todas las blasfemias de la inquietud; concierto monstruoso, digno intérprete de los que viven en el pecado y fueron concebidos en la iniquidad.

Prosiguió el canto, ora tristísimo y profundo, ora semejante a un rayo de sol que rompe la nube oscura de una tempestad, haciendo suceder a un relámpago de terror otro relámpago de júbilo, hasta que, merced a una transformación súbita, la iglesia resplandeció bañada en luz celeste; las osamentas de los monjes se vistieron de sus carnes; una aureola luminosa brilló en derredor de sus frentes; se rompió la cúpula, y a través de ella se vio el cielo como un océano de lumbre abierto a la mirada de los justos.

Los serafines, los arcángeles, los ángeles y las jerarquías acompañaban con un himno de gloria ese versículo, que subía entonces al trono del Señor como una tromba armónica, como una gigantesca espiral de sonoro incienso:

—Auditui meo dabis gaudium et laetitiam: et exultabunt ossa humiliata.

En este punto, la claridad deslumbradora cegó los ojos del romero, sus sienes latieron con violencia, zumbaron sus oídos y cayó sin conocimiento por tierra, y no oyó más.

III

Al día siguiente, los pacíficos monjes de la abadía de Fitero, a quienes el hermano lego había dado cuenta de la extraña visita de la noche anterior, vieron entrar por sus puertas, pálido y como fuera de sí, al desconocido romero.

—¿Oísteis, al cabo, el *Miserere?* —le preguntó con cierta mezcla de ironía el lego, lanzando a hurtadillas una mirada de inteligencia a sus superiores.

—Sí —respondió el músico.

—¿Y qué tal os ha parecido?

—Lo voy a escribir. Dadme un asilo en vuestra casa —prosiguió dirigiéndose al abad—, un asilo y pan por algunos meses, y voy a dejaros una obra inmortal del arte, un *Miserere* que borre mis culpas a los ojos de Dios, eternice mi memoria y eternice con ella la de esta abadía.

Los monjes, por curiosidad, aconsejaron al abad que accediese a su demanda. El abad, por compasión, aun creyéndole un loco, accedió, al fin, a ella, y el músico, instalado ya en el monasterio, comenzó su obra.

Noche y día trabajaba con un afán incesante. En mitad de su tarea se paraba y parecía como escuchar algo que sonaba en su imaginación, y se dilataban sus pupilas, saltaba en el asiento y exclamaba:

—¡Eso es; así, así no hay duda..., así! —y proseguía escribiendo notas con una rapidez febril, que dio en más de una ocasión que admirar a los que le observaban sin ser vistos.

Escribió los primeros versículos y los siguientes y hasta la mitad del salmo; pero al llegar al último que había oído en la montaña le fue imposible proseguir.

Escribió uno, dos, cien, doscientos borradores: todo inútil. Su música no se parecía a aquella música ya anotada, y el sueño huyó de sus párpados y perdió el apetito y la fiebre se apoderó de su cabeza, y se volvió loco, y se murió en fin, sin poder terminar el *Miserere*, que, como una cosa extraña, guardaron los frailes a su muerte y aún se conserva hoy en el archivo de la abadía.

*

Cuando el viejecito concluyó de contarme esta historia, no pude menos de volver otra vez los ojos al empolvado y antiguo manuscrito del *Miserere*, que aún estaba abierto sobre una de las mesas.

In peccatis concepit me mater mea...

Éstas eran las palabras de la página que tenía ante mi vista, y que parecía mofarse de mí con sus notas, sus llaves y sus garabatos ininteligibles para los legos en la música.

Por haberlas podido leer hubiera dado un mundo.

¿Quién sabe si no será una locura?

El Cristo de la calavera

(Leyenda Toledana)

I

El rey de Castilla marchaba a la guerra de moros. Y para combatir con los enemigos de la religión había apellidado en son de guerra a todo lo más florido de la nobleza de sus reinos. Las silenciosas calles de Toledo resonaban noche y día con el marcial rumor de los atabales y los clarines, y ya en la morisca puerta de Visagra, ya en la de Valmardón o en la embocadura del antiguo puente de San Martín, no pasaba hora sin que se oyese el ronco grito de los centinelas anunciando la llegada de algún caballero que, precedido de su pendón señorial y seguido de jinetes y peones, venía a reunirse al grueso del ejército castellano.

El tiempo que faltaba para emprender el camino de la frontera y concluir de ordenar las huestes reales discurría en medio de fiestas públicas, lujosos convites y lucidos torneos, hasta que, llegada al fin, la víspera del día señalado de antemano por su alteza para la salida del ejército, se dispuso un postrer sarao, con el que debieran terminar los regocijos.

La noche del sarao, el alcázar de los reyes ofrecía un aspecto singular. En los anchurosos patios, alrededor de inmensas hogueras y diseminados sin orden ni concierto, se veía una abigarrada multitud de pajes, soldados, ballesteros y gente menuda, que, éstos aderezando sus corceles y sus armas y disponiéndolos para el combate; aquéllos saludando con gritos o blasfemias las inesperadas vueltas de la fortuna, personificada en los dados del cubilete; los otros repitiendo en coro el refrán de un romance de guerra que entonaba un juglar, acompañado de la guzla, los de más allá comprando a un romero conchas, cruces y cintas tocadas en el sepulcro de Santiago, o riendo con locas carcajadas de los chistes de un bufón, o ensayando en los clarines el aire bélico para entrar en la pelea, propio de sus señores, o refiriendo antiguas historias de caballerías o aventuras de amor, o milagros recientemente acaecidos, formaban un infernal y atronador conjunto, imposible de pintar con palabras.

Sobre aquel revuelto océano de cantares de guerra, rumor de martillos que golpeaban los yunques, chirridos de limas que mordían el acero, piafar de corceles, voces descompuestas, risas inextinguibles, gritos desaforados, notas destempladas, juramentos y sonidos extraños y discordes, flotaban a intervalos, como un soplo de brisa armoniosa, los lejanos acordes de la música del sarao.

Éste, que tenía lugar en los salones que formaban el segundo cuerpo del alcázar, ofrecía, a su vez, un cuadro; si no tan fantástico y caprichoso, más deslumbrador y magnífico.

Por las extensas galerías que se prolongaban a lo lejos, formando un intrincado laberinto de pilastras esbeltas y ojivas caladas y ligeras como en encaje; por los espaciosos salones vestidos de tapices, donde la seda y el oro habían representado con mil colores diversos escenas de amor, de caza y de guerra, y adornados con trofeos de armas y escudos, sobre los cuales vertían un mar de chispeante luz un sinnúmero de lámparas y candelabros de bronce, plata y oro, colgadas aquéllas de las altísimas bóvedas y enclavados éstos en los gruesos sillares de los muros; por todas partes adonde se volvían los ojos se veían oscilar y agitarse en distintas direcciones una nube de damas hermosas con ricas vestiduras chapadas en oro, redes de perlas aprisionando sus rizos, joyas de rubíes llameando sobre su seno, plumas sujetas en vaporoso cerco a un mango de marfil, colgadas del puño, y rostrillos de blancos encajes que acariciaban sus mejillas, o alegres turbas de galanes con talabartes de terciopelo, justillos de brocado y calzas de seda, borceguíes de tafilete, capotillos de mangas perdidas y caperuza, puñales con pomo de filigrana y estoques de corte, bruñidos, delgados y ligeros.

Pero entre esta juventud brillante y deslumbradora, que los ancianos miraban desfilar con una sonrisa de gozo, sentados en los altos sitiales de alerce que rodeaban el estrado real, llamaba la atención por su belleza incomparable una mujer, aclamada reina de la hermosura en todos los torneos y las cortes de amor de la época, cuyos colores habían adoptado por empresa los caballeros más valientes, cuyos encantos eran asunto de las coplas de los trovadores más versados en la ciencia del gay saber, a la que se volvían con asombro todas las miradas, por la que suspiraban en secreto todos los corazones; alrededor de la cual se veían agruparse con afán, como vasallos humildes en torno de su señora, los más ilustres vástagos de la nobleza toledana, reunida en el sarao de aquella noche.

Los que asistían de continuo a formar el séquito de presuntos galanes de doña Inés de Tordesillas, que tal era el nombre de esta celebrada hermosura, a pesar de su carácter altivo y desdeñoso, no desmayaban jamás en sus pretensiones; y éste animado con una sonrisa que había creído adivinar en sus labios, aquél con una mirada benévola que juzgaba haber sorprendido en sus ojos; el otro, con una palabra lisonjera, un ligerísimo favor o una promesa remota, cada cual esperaba en silencio ser el preferido. Sin embargo, entre todos ellos había dos que más particularmente se distinguían por su asiduidad y rendimiento, dos que, al parecer, si no los predilectos de la hermosa, podrían calificarse de los más adelantados en el camino de su corazón. Estos dos caballeros, iguales en cuna, valor y nobles prendas, servidores de un mismo rey y pretendientes de una misma dama, llamábanse Alonso de Carrillo, el uno, y el otro, Lope de Sandoval.

Ambos habían nacido en Toledo; juntos habían hecho sus primeras armas, y en un mismo día, al encontrarse sus ojos con los de doña Inés, se sintieron poseídos de un secreto y ardiente amor por ella, amor que germinó algún tiempo retraído y silencioso, pero que al cabo comenzaba a descubrirse y a dar involuntarias señales de existencia en sus acciones y discursos.

En los torneos de Zocodover, en los juegos florales de la corte, siempre que se les había presentado coyuntura para rivalizar entre sí en gallardía o donaire, se habían aprovechado con afán ambos caballeros, ansiosos de distinguirse a los ojos de su dama; y aquella noche, impelidos, sin duda, por un mismo afán, trocando los hierros por las plumas y las mallas por los brocados y la seda, de pie junto al sitial donde ella se reclinó un instante después de haber dado una vuelta por los salones, comenzaron una elegante lucha de frases enamoradas e ingeniosas, epigramas embozados y agudos.

Los astros menores de esta brillante constelación, formando un dorado semicírculo en torno de ambos galanes, reían y esforzaban las delicadas burlas; y la hermosa objeto de aquel torneo de palabras aprobaba con una imperceptible sonrisa los conceptos escogidos o llenos de intención que ora salían de los labios de sus adoradores como una ligera onda de perfume que halagaba su vanidad, ora partían como una saeta aguda que iba a buscar, para clavarse en él, el punto más vulnerable del contrario: su amor propio.

Ya el cortesano combate de ingenio y galanura comenzaba a hacerse de cada vez más crudo; las frases eran aún corteses en la forma, pero breves, secas, y al pronunciarlas, si bien las acompañaba una ligera dilatación de los labios, semejante a una sonrisa, los ligeros relámpagos de los ojos, imposibles de ocultar, demostraban que la cólera hervía comprimida en el seno de ambos rivales.

La situación era insostenible. La dama lo comprendió así, y levantándose del sitial se disponía a volver a los salones, cuando un nuevo incidente vino a romper la valla del respetuoso comedimiento en que se contenían los dos jóvenes enamorados. Tal vez con intención, acaso por descuido, doña Inés había dejado sobre su falda uno de los perfumados guantes, cuyos botones de oro se entretenía en arrancar uno a uno mientras duró la conversación. Al ponerse de pie, el guante resbaló por entre los anchos pliegues de seda y cayó en la alfombra. Al verlo caer, todos los caballeros que formaban su brillante comitiva se inclinaron presurosos a recogerlo, disputándose el honor de alcanzar un leve movimiento de cabeza en premio de su galantería.

Al notar la precipitación con que todos hicieron el ademán de inclinarse, una imperceptible sonrisa de vanidad satisfecha asomó a los labios de la orgullosa doña Inés, que después de hacer un saludo general a los galanes que tanto empeño mostraban en servirla, sin mirar apenas y con la mirada alta y desdeñosa, tendió la mano para recoger el guante en la dirección que se encontraban Lope y Alonso, los primeros que parecían haber llegado al sitio en que cayera.

En efecto, ambos jóvenes habían visto caer el guante cerca de sus pies; ambos se habían inclinado con igual presteza a recogerle, y al incorporarse, cada cual lo tenía asido por un extremo. Al verlos inmóviles, desafiándose en silencio con la mirada y decididos ambos a no abandonar el guante que acababan de levantar del suelo, la dama dejó escapar un grito leve e involuntario, que ahogó el murmullo de los asombrados espectadores, los cuales presentían una escena borrascosa que en el alcázar, y en presencia del rey, podría calificarse de un horrible desacato.

No obstante, Lope y Alonso permanecían impasibles, mudos, midiéndose con los ojos, de la cabeza a los pies, sin que la tempestad de sus almas se revelase más que por un ligero temblor nervioso que agitaba sus miembros como si se hallasen acometidos de una repentina fiebre.

Los murmullos y las exclamaciones iban subiendo de punto; la gente comenzaba a agruparse en torno de los actores de la escena; doña Inés, o aturdida o complaciéndose en prolongarla, daba vueltas de un lado a otro, como buscando dónde refugiarse y evitar las miradas de la gente, que cada vez acudía en mayor número. La catástrofe era ya segura; los dos jóvenes habían ya cambiado algunas palabras en voz sorda, y mientras que con la una mano sujetaban el guante con una fuerza convulsiva, parecían ya buscar instintivamente con la otra el puño de oro de sus dagas, cuando se entreabrió respetuosamente el grupo que formaban los espectadores y apareció el rey.

Su frente estaba serena; ni había indignación en su rostro ni cólera en su ademán.

Tendió una mirada alrededor, y esta sola mirada fue bastante para darle a conocer lo que pasaba. Con toda la galantería del doncel más cumplido, tomó el guante de las manos de los caballeros, que, como movidas por un resorte, se abrieron sin dificultad al sentir el contacto de la del monarca y volviéndose a doña Inés de Tordesillas, que apoyada en el brazo de una dueña parecía próxima a desmayarse, exclamó, presentándolo, con acento, aunque templado, firme:

—Tomad, señora, y cuidad de no dejarlo caer en otra ocasión donde al devolvéroslo, os lo devuelvan manchado en sangre.

Cuando el rey terminó de decir estas palabras, doña Inés, no acertaremos a decir si a impulsos de la emoción o por salir más airosa del paso, se había desvanecido en brazos de los que la rodeaban.

Alonso y Lope, el uno estrujando en silencio entre sus manos el birrete de terciopelo, cuya pluma arrastraba por la alfombra, y el otro mordiéndose los labios hasta hacerse brotar la sangre, se clavaron una mirada tenaz e intensa.

Una mirada en aquel lance equivalía a un bofetón, a un guante arrojado al rostro, a un desafío a muerte.

II

Al llegar la medianoche, los reyes se retiraron a su cámara. Terminó el sarao, y los curiosos de la plebe, que aguardaban con impaciencia este momento formando grupos y corrillos en las avenidas de palacio, corrieron a estacionarse en la cuesta del alcázar, los Miradores y el Zocodover.

Durante una o dos horas, en las calles inmediatas a estos puntos reinó un bullicio, una animación y un movimiento indescriptibles. Por todas partes se veían cruzar escuderos caracoleando en sus corceles ricamente enjaezados, reyes de armas con lujosas casullas llenas de escudos y blasones, timbaleros vestidos de colores vistosos, soldados cubiertos de armaduras resplandecientes, pajes con capotillos de terciopelo y birretes coronados de plumas, y servidores de a pie que precedían las lujosas literas y las andas cubiertas de ricos paños, llevando en sus manos grandes hachas encendidas, a cuyo rojizo resplandor podía verse a la multitud que, con cara atónita, labios entreabiertos y ojos espantados, miraba desfilar con asombro a todo lo mejor de la nobleza castellana, rodeada en aquella ocasión de un fausto y un esplendor fabulosos.

Luego, poco a poco fue cesando el ruido y la animación; los vidrios de colores de las altas ojivas del palacio dejaron de brillar; atravesó por entre los apiñados grupos la última cabalgata; la gente del pueblo, a su vez, comenzó a dispersarse en todas direcciones, perdiéndose entre las sombras del enmarañado laberinto de calles oscuras, estrechas y torcidas, y ya no turbaba el profundo silencio de la noche más que el grito lejano de vela de algún guerrero, el rumor de los pasos de algún curioso que se retiraba el último o el ruido que producían las aldabas de algunas puertas al cerrarse, cuando en lo alto de la escalinata que conducía a la plataforma del palacio apareció un caballero, el cual, después de tender la vista por todos lados, como buscando a alguien que debía esperarlo, descendió lentamente hasta la cuesta del alcázar, por la que se dirigió hacia el Zocodover.

Al llegar a la plaza de este nombre se detuvo un momento y volvió a pasear la mirada a su alrededor. La noche estaba oscura; no brillaba una sola estrella en el cielo, ni en toda la plaza se veía una sola luz; no obstante, allí a lo lejos, y en la misma dirección en que comenzó a percibirse un ligero ruido como de pasos que iban aproximándose, creyó distinguir el bulto de un hombre: sin duda, el mismo a quien parecía aguardaba con tanta impaciencia.

El caballero que acababa de abandonar el alcázar para dirigirse a Zocodover era Alonso Carrillo, que, en razón al puesto de honor que desempeñaba cerca de la persona del rey, había tenido que acompañarle en su cámara hasta aquellas horas. El que, saliendo de entre las sombras de los arcos que rodean la plaza, vino a reunírsele, Lope de Sandoval. Cuando los dos caballeros se hubieron reunido cambiaron algunas frases en voz baja.

—Presumí que me aguardabas —dijo el uno.

—Esperaba que lo presumirías —contestó el otro.

—¿Y adónde iremos?

—A cualquier parte donde se puedan hallar cuatro palmos de terreno donde revolverse y un rayo de claridad que nos alumbre.

Terminado este brevísimo diálogo, los dos jóvenes se internaron por una de las estrechas calles que desembocan en el Zocodover, desapareciendo en la oscuridad como esos fantasmas de la noche que, después de aterrar un instante al que los ve, se deshacen en átomos de niebla y se confunden en el seno de las sombras.

Largo rato anduvieron dando vueltas a través de las calles de Toledo, buscando un lugar a propósito para terminar sus diferencias; pero la oscuridad de la noche era tan profunda, que el duelo parecía imposible. No obstante, ambos deseaban batirse, y batirse antes que rayase el alba, pues al amanecer debían partir las huestes reales, y Alonso con ellas.

Prosiguieron, pues, cruzando al azar plazas desiertas, pasadizos sombríos, callejones estrechos y tenebrosos, hasta que, por último, vieron brillar a lo lejos una luz, una luz pequeña y moribunda, en torno a la cual la niebla formaba un cerco de claridad fantástica y dudosa.

Habían llegado a la calle del Cristo, y la luz que se divisaba en uno de sus extremos parecía ser la del farolillo que alumbraba en aquella época, y alumbra aún, a la imagen que le da su nombre.

Al verla, ambos dejaron escapar una exclamación de júbilo y, apresurando el paso en su dirección, no tardaron mucho en encontrarse junto al retablo en que ardía.

Un arco rehundido en el muro, en el fondo del cual se veía la imagen del Redentor enclavado en la cruz y con una calavera al pie; un tosco cobertizo de tablas que lo defendía de la intemperie, y el pequeño farolillo colgado de una cuerda, que lo iluminaba débilmente, vacilando al impulso del aire, formaban todo el retablo, alrededor del cual colgaban algunos festones de yedra que habían crecido entre los oscuros y rotos sillares, formando una especie de pabellón de verdura.

Los caballeros, después de saludar respetuosamente a la imagen de Cristo quitándose los birretes y murmurando en voz baja una corta oración, reconocieron el terreno con una ojeada, echaron a tierra sus mantos, y apercibiéndose mutuamente para el combate y dándose la señal con un leve movimiento de cabeza, cruzaron los estoques. Pero apenas se habían tocado los aceros, y antes que ninguno de los combatientes hubiese podido dar un solo paso o intentar un golpe, la luz se apagó de repente y la calle quedó sumida en la oscuridad más profunda. Como guiados de un mismo pensamiento, y al verse rodeados de repentinas tinieblas, los dos combatientes dieron un paso atrás, bajaron al suelo las puntas de sus espadas y levantaron los ojos hacia el farolillo, cuya luz, momentos antes apagada, volvió a brillar de nuevo al punto en que hicieron ademán de suspender la pelea.

—Será alguna ráfaga de aire que ha abatido la llama al pasar —exclamó Carrillo, volviendo a ponerse en guardia y previniendo con una voz a Lope, que parecía preocupado.

Lope dio un paso adelante para recuperar el terreno perdido, tendió el brazo y los aceros se tocaron otra vez; mas, al tocarse, la luz se tornó a apagar por sí misma, permaneciendo así mientras no se separaron los estoques.

—En verdad que esto es extraño —murmuró Lope, mirando el farolillo, que espontáneamente había vuelto a encenderse y se mecía con lentitud en el aire, derramando una claridad trémula y extraña sobre el amarillo cráneo de la calavera colocada a los pies del Cristo.

—¡Bah! —dijo Alonso—. Será que la beata encargada de cuidar del farol del retablo sisa a los devotos y escasea el aceite, por lo cual, la luz, próxima a morir, luce y se oscurece a intervalos en señal de agonía.

Y dichas estas palabras, el impetuoso joven tornó a colocarse en actitud de defensa. Su contrario le imitó; pero esta vez no tan sólo volvió a rodearlos una sombra espesísima e impenetrable, sino que al mismo tiempo hirió sus oídos el eco profundo de una voz misteriosa, semejante a esos largos gemidos del vendaval, que parece que se queja y articula palabras al correr aprisionado por las torcidas, estrechas y tenebrosas calles de Toledo.

Qué dijo aquella voz medrosa y sobrehumana, nunca pudo saberse; pero al oírla ambos jóvenes se sintieron poseídos de tan profundo terror, que las espadas se escaparon de sus manos, el cabello se les erizó y por sus cuerpos, que estremecía un temblor involuntario, y por sus frentes, pálidas y descompuestas, comenzó a correr un sudor frío como el de la muerte.

La luz, por tercera vez apagada, por tercera vez volvió a resucitar, y las tinieblas se disiparon.

—¡Ah! —exclamó Lope al ver a su contrario entonces, y en otros días su mejor amigo, asombrado como él, como él pálido e inmóvil—. Dios no quiere permitir este combate, porque es una lucha fratricida, porque un combate entre nosotros ofende al cielo ante el cual nos hemos jurado cien veces una amistad eterna.

Y esto diciendo, se arrojó en los brazos de Alonso, que le estrechó entre los suyos con una fuerza y una efusión indecibles.

Pasados algunos minutos, durante los cuales ambos jóvenes se dieron toda clase de muestras de amistad y cariño, Alonso tomó la palabra, y con acento conmovido aún por la escena que acabamos de referir, exclamó, dirigiéndose a su amigo:

—Lope, yo sé que amas a doña Inés; ignoro si tanto como yo, pero la amas. Puesto que un duelo entre nosotros es imposible, resolvámonos a encomendar nuestra suerte en sus manos. Vamos en su busca: que ella decida con libre albedrío cuál ha de ser el dichoso, cuál el infeliz. Su decisión será respetada por ambos, y el que no merezca sus favores, mañana saldrá con el rey de Toledo, e irá a buscar el consuelo del olvido en la agitación de la guerra.

—Pues que tú lo quieres, sea —contestó Lope.

Y el uno apoyado en el brazo del otro, los dos amigos se dirigieron hacia la catedral, en cuya plaza, y en un palacio del que ya no quedan ni aun los restos, habitaba doña Inés de Tordesillas.

Estaba a punto de rayar el alba, y como algunos de los deudos de doña Inés, sus hermanos entre ellos, marchaban al otro día con el ejército real, no era imposible que en las primeras horas de la mañana pudiesen penetrar en su palacio.

Animados con esta esperanza, llegaron, en fin, al pie de la gótica torre del templo; mas al llegar a aquel punto un ruido particular llamó su atención, y deteniéndose en uno de los ángulos, ocultos entre la sombra de los altos machones que flanquean los muros, vieron, no sin grande asombro, abrirse el balcón del palacio de su dama, aparecer en él un hombre que se deslizó hasta el suelo, al parecer con la ayuda de una cuerda, y, por último, una forma blanca, doña Inés, sin duda, que, inclinándose sobre el calado antepecho, cambió algunas tiernas frases de despedida con su misterioso galán.

El primer movimiento de los dos jóvenes fue llevar las manos al puño de sus espadas; pero, deteniéndose como heridos de una idea súbita, volvieron los ojos a mirarse, y se hubieron de encontrar con una cara de asombro, tan cómica, que ambos prorrumpieron en una ruidosa carcajada, carcajada que, repitiéndose de eco en eco en el silencio de la noche, resonó en toda la plaza y llegó hasta el palacio.

Al oírla, la forma blanca desapareció del balcón, se escuchó el ruido de las puertas, que se cerraron con violencia, y todo volvió a quedar en silencio.

III

Al día siguiente, la reina, colocada en un estrado lujosísimo, veía desfilar las huestes que marchaban a la guerra de moros, teniendo a su lado a las damas más principales de Toledo. Entre ellas estaba doña Inés de Tordesillas, en la que aquel día, como siempre, se fijaban todos los ojos; pero, según a ella le parecía advertir, con diversa expresión de la de costumbre. Diríase que en todas las curiosas miradas que a ella se volvían retozaba una sonrisa burlona.

Este descubrimiento no dejaba de inquietarla algo, sobre todo, teniendo en cuenta las ruidosas carcajadas que la noche anterior había creído percibir a lo lejos y en uno de los ángulos de la plaza, cuando cerraba el balcón y despedía a su amante; pero al mirar aparecer entre las filas de los combatientes, que pasaban por debajo del estrado lanzando chispas de fuego de sus brillantes armaduras y envueltos en una nube de polvo los pendones reunidos de las casas de Carrillo y Sandoval; al ver la significativa sonrisa que al saludar a la reina le dirigieron los dos antiguos rivales, que cabalgaban juntos, todo lo adivinó, y la púrpura de la vergüenza enrojeció su frente y brilló en sus ojos una lágrima de despecho.

El beso

(Leyenda Toledana)

I

Cuando una parte del ejército francés se apoderó a principios de este siglo de la histórica Toledo, sus jefes, que no ignoraban el peligro a que se exponían en las poblaciones españolas diseminándose en alojamientos separados, comenzaron por habilitar para cuarteles los más grandes y mejores edificios de la ciudad.

Después de ocupado el suntuoso Alcázar de Carlos V, echóse mano de la casa de Consejos, y cuando ésta no pudo contener más gente, comenzaron a invadir el asilo de las comunidades religiosas, acabando a la postre por transformar en cuadras hasta las iglesias consagradas al culto. En esta conformidad se encontraban las cosas en la población donde tuvo lugar el suceso que voy a referir, cuando una noche, ya a hora bastante avanzada, envueltos en sus oscuros capotes de guerra y ensordeciendo las estrechas y solitarias calles que conducen desde la Puerta del Sol a Zocodover con el choque de sus armas y el ruidoso golpear de los cascos de sus corceles, que sacaban chispas de los pedernales, entraron en la ciudad hasta unos cien dragones de aquellos, altos, arrogantes y fornidos, de que todavía nos hablan con admiración nuestras abuelas.

Mandaba la fuerza un oficial bastante joven, el cual iba como a distancia de unos treinta pasos de su gente, hablando a media voz con otro, también militar, a lo que podía colegirse por su traje.

Éste, que caminaba a pie delante de su interlocutor, llevando en la mano un farolillo, parecía servirle de guía por entre aquel laberinto de calles oscuras, enmarañadas y revueltas.

—En verdad —decía el jinete a su acompañante— que si el alojamiento que se nos prepara es tal y como me le pintas, casi, casi sería preferible arrancharnos en el campo o en medio de una plaza.

—¿Y qué queréis, mi capitán? —contestó el guía, que, efectivamente, era un sargento aposentador—. En el Alcázar no cabe ya un grano de trigo, cuanto más un hombre. De San Juan de los Reyes no digamos, porque hay celdas de fraile en las que duermen quince húsares. El convento adonde voy a conduciros no era mal local; pero hará cosa de tres o cuatro días nos cayó aquí como de las nubes una de las columnas volantes que recorren la provincia, y gracias que hemos podido conseguir que se amontonen por los claustros y dejen libre la iglesia.

—En fin —exclamó el oficial después de un corto silencio y como resignándose con el extraño alojamiento que la casualidad le deparaba—, más vale incómodo que ninguno. De todas maneras, si llueve, que no será difícil según se agrupan las nubes, estaremos a cubierto, y algo es algo.

Interrumpida la conversación en este punto, los jinetes, precedidos del guía, siguieron en silencio el camino adelante hasta llegar a una plazuela, en cuyo fondo se destacaba la negra silueta del convento con su torre morisca, su campanario de espadañas, su cúpula ojival y sus tejados de crestas desiguales y oscuras.

—He aquí vuestro alojamiento —exclamó el aposentador al divisarle y dirigiéndose al capitán que, después que hubo mandado hacer alto a su tropa, echó pie a tierra, tomó el farolillo de manos del guía y se dirigió hacia el punto que éste le señalaba.

Comoquiera que la iglesia del convento estaba completamente desmantelada, los soldados que ocupaban el resto del edificio habían creído que las puertas le eran ya poco menos que inútiles, y un tablero hoy, otro mañana, habían ido arrancándolas pedazo a pedazo para hacer hogueras con que calentarse por las noches.

Nuestro joven oficial no tuvo, pues, que torcer llaves ni descorrer cerrojos para penetrar en el interior del templo.

A la luz del farolillo, cuya dudosa claridad se perdía entre las espesas sombras de las naves y dibujaba con gigantescas proporciones sobre el muro la fantástica silueta del sargento aposentador, que iba precediéndole, recorrió la iglesia de arriba abajo y escudriñó una por una todas sus desiertas capillas, hasta que, una vez hecho cargo del local, mandó echar pie a tierra a su gente y, hombres y caballos revueltos, fue acomodándola como mejor pudo.

Según dejamos dicho, la iglesia estaba completamente desmantelada: en el altar mayor pendían aún de las altas cornisas los rotos jirones del velo con que lo habían cubierto los religiosos al abandonar aquel recinto; diseminados por las naves veíanse algunos retablos adosados al muro, sin imágenes en las hornacinas; en el coro se dibujaban con un ribete de luz los extraños perfiles de la oscura sillería de alerce; en el pavimento, destrozado en varios puntos, distinguíanse aún anchas losas sepulcrales llenas de timbres, escudos y largas inscripciones góticas, y allá a lo lejos, en el fondo de las silenciosas capillas y a lo largo del crucero, se destacaban confusamente entre la oscuridad, semejantes a blancos e inmóviles fantasmas, las estatuas de piedra que, unas tendidas, otras de hinojos sobre el mármol de sus tumbas, parecían ser los únicos habitantes del ruinoso edificio.

A cualquiera otro menos molido que el oficial de dragones, el cual traía una jornada de catorce leguas en el cuerpo, o menos acostumbrado a ver estos sacrilegios como la cosa más natural del mundo, hubiéranle bastado dos adarmes de imaginación para no pegar los ojos en toda la noche en aquel oscuro e imponente recinto, donde las blasfemias de los soldados, que se quejaban en voz alta del improvisado cuartel; el metálico golpe de sus espuelas, que resonaban sobre las anchas losas sepulcrales del pavimento; el ruido de los caballos, que piafaban impacientes, cabeceando y haciendo sonar las cadenas con que estaban sujetos a los pilares, formaban un rumor extraño y temeroso que se dilataba por todo el ámbito de la iglesia y se reproducía cada vez más confuso, repetido de eco en eco en sus altas bóvedas.

Pero nuestro héroe, aunque joven, estaba ya tan familiarizado con estas peripecias de la vida de campaña, que apenas hubo acomodado a su gente, mandó colocar un saco de forraje al pie de la grada del presbiterio y, arrebujándose como mejor pudo en su capote y echando la cabeza en el escalón, a los cinco minutos roncaba con más tranquilidad que el mismo rey José en su palacio de Madrid.

Los soldados, haciéndose almohadas de las monturas, imitaron su ejemplo, y poco a poco fue apagándose el murmullo de sus voces.

A la media hora sólo se oían los ahogados gemidos del aire que entraba por las rotas vidrieras de las ojivas del templo, el atolondrado revolotear de las aves nocturnas que tenían sus nidos en el dosel de piedra de las esculturas de los muros y el alternado rumor de los pasos del vigilante que se paseaba, envuelto en los anchos pliegues de su capote, a lo largo del pórtico.

II

En la época a que se remonta la relación de esta historia, tan verídica como extraordinaria, lo mismo que al presente, para los que no sabían apreciar los tesoros del arte que encierran sus muros, la ciudad de Toledo no era más que un poblachón destartalado, antiguo, ruinoso e insufrible.

Los oficiales del ejército francés, que, a juzgar por los actos de vandalismo con que dejaron en ella triste y perdurable memoria de su ocupación, de todo tenían menos de artistas o arqueólogos, no hay para qué decir que se fastidiaban soberanamente en la vetusta ciudad de los Césares.

En esta situación de ánimo, la más insignificante novedad que viniese a romper la monótona quietud de aquellos días eternos e iguales era acogida con avidez entre los ociosos; así es que la promoción al grado inmediato de uno de sus camaradas, la noticia del movimiento estratégico de una columna volante, la salida de un correo de gabinete o la llegada de una fuerza cualquiera a la ciudad convertíase en tema fecundo de conversación y objeto de toda clase de comentarios, hasta tanto que otro incidente venía a sustituirle, sirviendo de base a nuevas quejas, críticas y suposiciones.

Como era de esperar, entre los oficiales que, según tenían de costumbre, acudieron al día siguiente a tomar el sol y a charlar un rato en el Zocodover, no se hizo platillo de otra cosa que de la llegada de los dragones, cuyo jefe dejamos en el anterior capítulo durmiendo a pierna suelta y descansando de las fatigas de su viaje.

Cerca de una hora hacía que la conversación giraba alrededor de este asunto, y ya comenzaba a interpretarse de diversos modos la ausencia del recién venido, a quien uno de los presentes, antiguo compañero suyo de colegio, había citado para el Zocodover, cuando en una de las bocacalles de la plaza apareció al fin nuestro bizarro capitán; despojado de su ancho capotón de guerra, luciendo un gran casco de metal, con penacho de plumas blancas, una casaca azul turquí con vueltas rojas y un magnífico mandoble con vaina de acero, que resonaba arrastrándose al compás de sus marciales pasos y del golpe seco y agudo de sus espuelas de oro.

Apenas le vio su camarada, salió a su encuentro para saludarle, y con él se adelantaron casi todos los que a la sazón se encontraban en el corrillo, en quienes había despertado la curiosidad y la gana de conocerle los pormenores que ya habían oído referir acerca de su carácter original y extraño.

Después de los estrechos abrazos de costumbre y de las exclamaciones, plácemes y preguntas de rigor en estas entrevistas; después de hablar largo y tendido sobre las novedades que andaban por Madrid, la varia fortuna de la guerra y los amigotes muertos o ausentes, rodando de uno en otro asunto, la conversación vino a parar al tema obligado, esto es, las penalidades del servicio, la falta de distracciones de la ciudad y el inconveniente de los alojamientos.

Al llegar a este punto, uno de los de la reunión que, por lo visto, tenía noticia del mal talante con que el joven oficial se había resignado a acomodar su gente en la abandonada iglesia, le dijo con aire de zumba:

—Y a propósito de alojamiento: ¿qué tal se ha pasado la noche en el que ocupáis?

—Ha habido de todo —contestó el interpelado—, pues si bien es verdad que no he dormido gran cosa, el origen de mi vigilia merece la pena de la velada. El insomnio junto a una mujer bonita no es seguramente el peor de los males.

—¡Una mujer! —repitió su interlocutor, como admirándose de la buena fortuna del recién venido—. Eso es lo que se llama llegar y besar el santo.

—Será tal vez algún antiguo amor de la corte que le sigue a Toledo para hacerle más soportable el ostracismo —añadió otro de los del grupo.

—¡Oh, no! —dijo entonces el capitán—. Nada menos que eso. Juro, a fe de quien soy, que no la conocía y que nunca creí hallar tan bella patrona en tan incómodo alojamiento. Es todo lo que se llama una verdadera aventura.

—¡Contadla! ¡Contadla! —exclamaron en coro los oficiales que rodeaban al capitán.

Y como éste se dispusiera a hacerlo así, todos prestaron la mayor atención a sus palabras, mientras él comenzó la historia en estos términos:

—Dormía esta noche pasada como duerme un hombre que trae en el cuerpo trece leguas de camino, cuando he aquí que en lo mejor del sueño me hizo despertar sobresaltado e incorporarme sobre el codo un estruendo horrible, un estruendo tal, que me ensordeció un instante para dejarme después los oídos zumbando cerca de un minuto, como si un moscardón me cantase a la oreja. Como os habréis figurado, la causa de mi susto era el primer golpe que oía de esa endiablada campana gorda, especie de sochantre de bronce, que los canónigos de Toledo han colgado en su catedral con el laudable propósito de matar a disgustos a los necesitados de reposo. Renegando entre dientes de la campana y del campanero que la toca, disponíame, una vez apagado aquel insólito y temeroso rumor, a coger nuevamente el hilo del interrumpido sueño, cuando vino a herir mi imaginación y a ofrecerse ante mis ojos una cosa extraordinaria. A la dudosa luz de la luna que entraba en el templo por el estrecho ajimez del muro de la capilla mayor vi una mujer arrodillada junto al altar.

Los oficiales se miraron entre sí con expresión entre asombrada e incrédula. El capitán, sin atender al efecto que su narración producía, continuó de este modo:

—No podéis figuraros nada semejante a aquella nocturna y fantástica visión que se dibujaba confusamente en la penumbra de la capilla, como esas vírgenes pintadas en los vidrios de colores que habréis visto alguna vez destacarse a lo lejos, blancas y luminosas, sobre el oscuro fondo de las catedrales. Su rostro ovalado, en donde se veía impreso el sello de una leve y espiritual demacración; sus armoniosas facciones, llenas de una suave y melancólica dulzura; su intensa palidez, las purísimas líneas de su contorno esbelto, su ademán reposado y noble, su traje blanco y flotante, me traían a la memoria esas mujeres que yo soñaba cuando casi era niño. ¡Castas y celestes imágenes, quimérico objeto del vago amor de la adolescencia! Yo me creía juguete de una alucinación y, sin quitarle un punto los ojos, ni aun osaba respirar, temiendo que un soplo desvaneciese el encanto. Ella permanecía inmóvil. Antojábaseme, al verla tan diáfana y luminosa, que no era una criatura terrenal, sino un espíritu que, revistiendo por un instante la forma humana, había descendido en el rayo de la luna, dejando en el aire y en pos de sí la azulada estela que desde el alto ajimez bajaba verticalmente hasta el pie del opuesto muro, rompiendo la oscura sombra de aquel recinto lóbrego y misterioso.

—Pero... —exclamó interrumpiéndole su camarada de colegio que, comenzando por echar a broma la historia, había concluido interesándose con su relato—. ¿Cómo estaba allí aquella mujer? ¿No la dijiste nada? ¿No te explicó su presencia en aquel sitio?

—No me determiné a hablarla porque estaba seguro que no había de contestarme, ni verme, ni oírme.

—¿Era sorda?

—¿Era ciega?

—¿Era muda? —exclamaron a un tiempo tres o cuatro de los que escuchaban la relación.

—Lo era todo a la vez —exclamó al fin el capitán, después de un momento de pausa—, porque era... de mármol.

Al oír el estupendo desenlace de tan extraña aventura, cuantos había en el corro prorrumpieron en una ruidosa carcajada, mientras uno de ellos dijo al narrador de la peregrina historia, que era el único que permanecía callado y en una grave actitud:

—¡Acabáramos de una vez! Lo que es de ese género tengo yo más de un millar, un verdadero serrallo, en San Juan de los Reyes. Serrallo que desde ahora pongo a vuestra disposición, ya que, a lo que parece, tanto os da de una mujer de carne como de piedra.

—¡Oh, no! —continuó el capitán sin alterarse en lo más mínimo por las carcajadas de sus compañeros—. Estoy seguro de que no pueden ser como la mía. La mía es una verdadera dama castellana que, por un milagro de la escultura, parece que no la han enterrado en su sepulcro, sino que aún permanece en cuerpo y alma de hinojos sobre la losa que le cubre, inmóvil, con las manos juntas en ademán suplicante, sumergida en un éxtasis de místico amor.

—De tal modo te explicas, que acabarás por probarnos la verosimilitud de la fábula de Galatea.

—Por mi padre, puedo deciros que siempre la creí una locura; mas desde anoche comienzo a comprender la pasión del escultor griego.

—Dadas las especiales condiciones de tu nueva dama, creo que no tendrás inconveniente en presentarnos a ella. De mí sé decir que ya no vivo hasta ver esa maravilla. Pero... ¿qué diantres te pasa?... Diríase que esquivas la presentación. ¡Ja, ja, ja! Bonito fuera que ya te tuviéramos hasta celoso.

—Celoso —se apresuró a decir el capitán—, celoso... De los hombres, no... Mas ved, sin embargo, hasta dónde llega mi extravagancia. Junto a la imagen de esa mujer, también de mármol, grave y al parecer con vida como ella, hay un guerrero... Su marido, sin duda... Pues bien: lo voy a decir todo, aunque os mofeís de mi necedad... Si no hubiera temido que me tratasen de loco, creo que ya la habría hecho cien veces pedazos.

Una nueva y aún más ruidosa carcajada de los oficiales saludó esta original revelación del estrambótico enamorado de la dama de piedra.

—Nada, nada; es preciso que la veamos —decían los unos.

—Sí, sí; es preciso saber si el objeto corresponde a tan alta pasión —añadían los otros.

—¿Cuándo nos reunimos a echar un trago en la iglesia en que os alojáis? —exclamaron los demás.

—Cuando mejor os parezca. Esta misma noche, si queréis —respondió el joven capitán, recobrando su habitual sonrisa, disipada un instante por aquel relámpago de celos—. A propósito: con los bagajes he traído hasta un par de docenas de botellas de *champagne;* verdadero *champagne,* restos de un regalo hecho a nuestro general de brigada, que, como sabéis, es algo pariente.

—¡Bravo! ¡Bravo! —exclamaron los oficiales a una voz, prorrumpiendo en alegres exclamaciones.

—¡Se beberá vino del país!

—¡Y cantaremos una canción de Ronsard!

—Y hablaremos de mujeres, a propósito de la dama del anfitrión.

—Conque... ¡hasta la noche!

—¡Hasta la noche!

III

Ya hacía largo rato que los pacíficos habitantes de Toledo habían cerrado con llave y cerrojo las pesadas puertas de sus antiguos caserones; la campana gorda de la catedral anunciaba la hora de la queda, y en lo alto del alcázar, convertido en cuartel, se oía el último toque de silencio de los clarines, cuando diez o doce oficiales que poco a poco habían ido reuniéndose en el Zocodover tomaron el camino que conduce desde aquel punto al convento en que se alojaba el capitán, animados más con la esperanza de apurar las prometidas botellas que con el deseo de conocer la maravillosa escultura.

La noche había cerrado sombría y amenazado. El cielo estaba cubierto de nubes de color de plomo. El aire, que zumbaba encarcelado en las estrechas y retorcidas calles, agitaba la moribunda luz del farolillo de los retablos o hacía girar con un chirrido agudo las veletas de hierro de las torres.

Apenas los oficiales dieron vista a la plaza en que se hallaba situado el alojamiento de su nuevo amigo, éste, que les aguardaba impaciente, salió a encontrarles y, después de cambiar algunas palabras a media voz, todos penetraron juntos en la iglesia, en cuyo lóbrego recinto la escasa claridad de una linterna luchaba trabajosamente con las oscuras y espesísimas sombras.

—¡Por quien soy —exclamó uno de los convidados, tendiendo a su alrededor la vista—, que el local es de los menos a propósito del mundo para una fiesta!

—Efectivamente —dijo otro—. Nos traes a conocer a una dama, y apenas si con mucha dificultad se ven los dedos de la mano.

—Y, sobre todo, hace un frío que no parece sino que estamos en la Siberia —añadió un tercero, arrebujándose en el capote.

—Calma, señores, calma —interrumpió el anfitrión—. Calma, que a todo se proveerá. ¡Eh, muchacho! —prosiguió, dirigiéndose a uno de sus asistentes—, busca por ahí un poco de leña y enciéndenos una buena fogata en la capilla mayor.

El asistente, obedeciendo las órdenes de su capitán, comenzó a descargar golpes en la sillería del coro, y después que hubo reunido una gran cantidad de leña, que fue apilando al pie de las gradas del presbiterio, tomó la linterna y se dispuso a hacer un auto de fe con aquellos fragmentos tallados de riquísimas labores, entre las que se veían, por aquí, parte de una columnilla salomónica; por allá, la imagen de un santo abad, el torso de una mujer o la disforme cabeza de un grifo asomado entre hojarasca.

A los pocos minutos, una gran claridad que de improviso se derramó por todo el ámbito de la iglesia anunció a los oficiales que había llegado la hora de comenzar el festín.

El capitán, que hacía los honores de su alojamiento con la misma ceremonia que hubiera hecho los de su casa, exclamó, dirigiéndose a los convidados:

—Si gustáis, pasaremos al *buffet*.

Sus camaradas, afectando la mayor gravedad, respondieron a la invitación con un cómico saludo, y se encaminaron a la capilla mayor precedidos del héroe de la fiesta, que al llegar a la escalinata se detuvo un instante y, extendiendo la mano en dirección al sitio que ocupaba la tumba, les dijo con la finura más exquisita:

—Tengo el placer de presentaros a la dama de mis pensamientos. Creo que convendréis conmigo en que no he exagerado su belleza.

Los oficiales volvieron los ojos al punto que les señalaba su amigo, y una exclamación de asombro se escapó involuntariamente de todos los labios.

En el fondo de un arco sepulcral revestido de mármoles negros, arrodillada delante de un reclinatorio, con las manos juntas y la cara vuelta hacia el altar, vieron, en efecto, la imagen de una mujer tan bella, que jamás salió otra igual de manos de un escultor, ni el deseo pudo pintarla en la fantasía más soberanamente hermosa.

—Es verdad que es un ángel —exclamó uno de ellos.

—¡Lástima que sea de mármol! —añadió otro.

—No hay duda que, aunque no sea más que la ilusión de hallarse junto a una mujer de este calibre, es la suficiente para no pegar los ojos en toda la noche.

—¿Y no sabéis quién es ella? —preguntaron algunos de los que contemplaban la estatua del capitán, que sonreía satisfecho de su triunfo.

—Recordando un poco del latín que en mi niñez supe, he conseguido a duras penas descifrar la inscripción de la tumba —contestó el interpelado—, y, a lo que he podido colegir, pertenece a un título de Castilla, famoso guerrero que hizo la campaña de Italia con el Gran Capitán. Su nombre lo he olvidado; mas su esposa, que es la que veis, se llama doña Elvira de Castañeda, y por mi fe que, si la copia se parece al original, debió ser la mujer más notable de su siglo.

Después de estas breves explicaciones, los convidados, que no perdían de vista el principal objeto de la reunión, procedieron a destapar algunas de las botellas y, sentándose alrededor de la lumbre, empezó a andar el vino a la ronda.

A medida que las libaciones se hacían más numerosas y frecuentes y el vapor del espumoso *champagne* comenzaba a trastornar las cabezas, crecían la animación, el ruido y la algazara de los jóvenes, de los cuales, éstos arrojaban a los monjes de granito adosados a los pilares los cascos de las botellas vacías, y aquéllos cantaban a toda voz canciones báquicas y escandalosas, mientras los de más allá prorrumpían en carcajadas, batían las palmas en señal de aplauso o disputaban entre sí con blasfemias y juramentos.

El capitán bebía en silencio como un desesperado y sin apartar los ojos de la estatua de doña Elvira.

Iluminada por el rojizo resplandor de la hoguera, y a través del confuso velo que la embriaguez había puesto delante de su vista, parecíale que la marmórea imagen se transformaba a veces en una mujer real: parecíale que entreabría los labios como murmurando una oración, que se alzaba su pecho como oprimido y sollozante, que cruzaba las manos con más fuerza, que sus mejillas se coloreaban, en fin, como si se ruborizase ante aquel sacrílego y repugnante espectáculo.

Los oficiales, que advirtieron la taciturna tristeza de su camarada, le sacaron del éxtasis en que se encontraba sumergido y, presentándole una copa, exclamaron en coro:

—¡Vamos, brindad vos, que sois el único que no lo ha hecho en toda la noche!

El joven tomó la copa y, poniéndose de pie y alzándola en alto, dijo encarándose con la estatua del guerrero arrodillado junto a doña Elvira:

—¡Brindo por el emperador y brindo por la fortuna de sus armas, merced a las cuales hemos podido venir hasta el fondo de Castilla a cortejarle su mujer, en su misma tumba, a un vencedor de Ceriñola!

Los militares acogieron el brindis con una salva de aplausos, y el capitán, balanceándose, dio algunos pasos hacia el sepulcro.

—No... —prosiguió dirigiéndose siempre a la estatua del guerrero y con esa sonrisa estúpida propia de la embriaguez—, no creas que te tengo rencor alguno porque veo en ti un rival. Al contrario, te admiro como a un marido paciente, ejemplo de longanimidad y mansedumbre, y a mi vez quiero también ser generoso. Tú serías bebedor, a fuer de soldado... No se ha de decir que te he dejado morir de sed viéndonos vaciar veinte botellas... ¡Toma!

Y esto diciendo, llevóse la copa a los labios y, después de humedecérselos en el licor que contenía, le arrojó el resto a la cara, prorrumpiendo en una carcajada estrepitosa al ver cómo caía el vino sobre la tumba, goteando de las barbas de piedra del inmóvil guerrero.

—¡Capitán! —exclamó en aquel punto uno de sus camaradas en tono de zumba—. Cuidado con lo que hacéis... Mirad que esas bromas con la gente de piedra suelen costar caras. Acordaos de lo que aconteció a los húsares del quinto en el monasterio de Poblet... Los guerreros del claustro, dicen que pusieron mano una noche a sus espadas de granito y dieron que hacer a los que se entretenían en pintarles bigotes con carbón.

Los jóvenes acogieron con grandes carcajadas esta ocurrencia; pero el capitán, sin hacer caso de sus risas, continuó, siempre fijo en la misma idea:

—¿Creéis que yo le hubiera dado el vino, a no saber que se tragaba al menos el que le cayese en la boca?... ¡Oh, no!... Yo no creo, como vosotros, que esas estatuas son un pedazo de mármol tan inerte hoy como el día en que lo arrancaron de la cantera. Indudablemente, el artista, que es casi un dios, le da a su obra un soplo de vida que no logra hacer que ande y se mueva, pero que le infunde una vida incomprensible y extraña, vida que yo no me explico bien, pero que la siento, sobre todo cuando bebo un poco.

—¡Magnífico! —exclamaron sus camaradas—. Bebe y prosigue.

El oficial bebió y, fijando sus ojos en la imagen de doña Elvira, prosiguió con una exaltación creciente:

—¡Miradla! ¡Miradla!... ¿No veis esos cambiantes rojos de sus carnes mórbidas y transparentes?... ¿No parece que por debajo de esa ligera epidermis azulada y suave de alabastro circula un fluido de luz color de rosa?... ¿Queréis más vida?... ¿Queréis más realidad?...

—¡Oh, sí, seguramente! —dijo uno de los que le escuchaban—. Quisiéramos que fuese de carne y hueso.

—¡Carne y hueso!... ¡Miseria, podredumbre!... —exclamó el capitán—. Yo he sentido en una orgía arder mis labios y mi cabeza. Yo he sentido este fuego que corre por las venas hirviente como la lava de un volcán, cuyos vapores caliginosos turban y trastornan el cerebro y hacen ver visiones extrañas. Entonces, el beso de esas mujeres materiales me quemaba como un hierro candente, y las apartaba de mí con disgusto, con horror, hasta con asco, porque entonces, como ahora, necesitaba un soplo de brisa del mar mi frente calurosa, beber hielo y besar nieve. Nieve teñida de suave luz, nieve colorada por un dorado rayo de sol... Una mujer blanca, hermosa y fría, como esa mujer de piedra que parece incitarme con su fantástica hermosura, que parece que oscila al compás de la llama y me provoca entreabriendo sus labios y ofreciéndome un tesoro de amor... ¡Oh, sí! Un beso..., sólo un beso tuyo podrá calmar el ardor que me consume.

—¡Capitán! —exclamaron algunos de sus oficiales al verle dirigirse hacia la estatua como fuera de sí, extraviada la vista y con pasos inseguros—. ¡Qué locura vais a hacer? ¡Basta de broma y dejad en paz a los muertos!

El joven ni oyó siquiera las palabras de sus amigos, y, tambaleando y como pudo, llegó a la tumba y aproximóse a la estatua; pero al tenderle los brazos resonó un grito de horror en el templo. Arrojando sangre por ojos, boca y nariz, había caído desplomado y con la cara deshecha al pie del sepulcro.

Los oficiales, mudos y espantados, ni se atrevían a dar un paso para prestarle socorro.

En el momento en que su camarada intentó acercar sus labios ardientes a los de doña Elvira, habían visto al inmóvil guerrero levantar la mano y derribarle con una espantosa bofetada de su guantelete de piedra.